Pia Deges

Das knall-bunte Bastelbuch

Über 100 kreative Ideen durchs Jahr

Inhalt

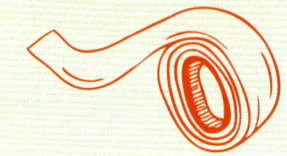

FRÜHLING

SOMMER

HERBST

WINTER

Tipps & Tricks zum Basteln

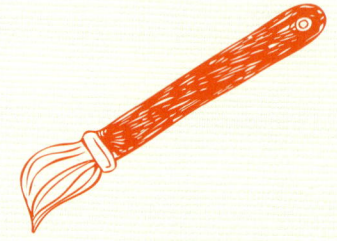

Bevor es losgeht

Wenn du mit Farbe oder Klebstoff arbeitest, solltest du deine Arbeitsfläche gut abdecken. Nimm am besten eine feste Unterlage, z. B. ein Stück alten Karton. Auch ein Platzdeckchen aus Plastik eignet sich prima.

Um deine Klamotten zu schützen, ziehst du am besten ein altes Hemd von Papa oder einen Malkittel über.

Und es schadet auch nicht, einen alten Lappen oder Küchenpapier griffbereit zu haben, Farbe und Klebstoff landen gern da, wo sie nicht hingehören.

Bastelfundus

Lege dir einen kleinen Materialfundus in einer schönen Kiste an, so kannst du jederzeit loslegen, wenn dich das Bastelfieber packt.

Rein in die Bastelkiste

- Papier in verschiedenen Stärken und Mustern, z. B. Fotokarton, Tonpapier oder Geschenkpapierreste
- Stoffreste
- Wollreste
- Modelliermassen, z.B. Fimo®
- Recyclingschätze wie Klorollen, Joghurtbecher oder Korken
- Naturschätze wie Muscheln, Steine oder Äste
- bunter Dekokram, z.B. Perlen, Pailletten oder Knöpfe
- verschiedene Bänder und Kordeln
- mehrere Rollen Masking Tape
- Chenilledraht
- Strohhalme

... und alles, was dir sonst noch so einfällt.

Bastelwerkzeuge

Diese Utensilien sollten in deine Bastelwerkzeugkiste

- Scheren (normale Schere, spitze Schere, ggf. Stoffschere)
- Cutter mit Schneideunterlage
- verschiedene Klebstoffe (Alleskleber, Klebestift, ggf. Heißklebepistole)
- Klebefilm und Klebeband
- Lineal
- Bleistift
- Bunt- und Filzstifte
- Permanentmarker
- Acrylfarbe (ggf. auch Acryllack) und Pinsel
- Nadel und Faden

Farbe

Hier kommen ein paar ultimative Tipps zum Anmalen deiner Bastelprojekte.

Einweghandschuhe

Sie sind eine prima Hilfe gegen matschige Farbfinger. Du bekommst sie z.B. im Drogeriemarkt. Wenn sie vollgematscht sind, wandern sie in den Müll und deine Hände sind immer noch sauber.

Pappteller

Auf Papptellern kannst du Acrylfarbe in kleinen Klecksen zwischenlagern, bevor du sie mit dem Pinsel auf dein Kunstwerk aufträgst. Und du kannst darauf Farben ganz einfach mischen.

Pinsel

Pinsel gibt es in verschiedenen Stärken und Qualitäten. Ganz normale Borsten- und Haarpinsel aus dem Bastelladen reichen völlig aus. Es ist immer gut, verschiedene Breiten zu haben. Ein altes Marmeladenglas mit Wasser hilft dir beim Auswaschen der Pinsel. Denke daran, deine Pinsel immer sofort auszuwaschen, nur so bleiben sie schön.

Schaschlikspieße

Sie sind die ultimative Malgeheimwaffe. Du kannst Perlen, Korken usw. auf die Spieße aufpiken und sie so leichter bemalen. Außerdem kannst du mit Schaschlikspießen auch ganz wunderbar malen. Mit der Spitze zeichnest du zarte Linien, mit dem stumpfen Ende tupfst du Punkte (z.B. für Augen) auf.

Weniger ist mehr

Es ist besser, ein Projekt zweimal dünn als einmal dick anzustreichen. Zu viel Farbe auf einmal macht unschöne Streifen.

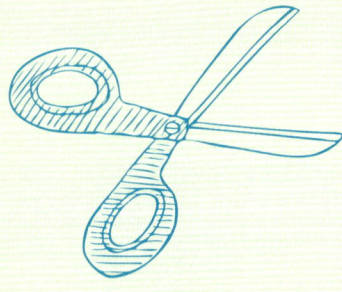

Klebstoff

Bastelkleber, Klebestift und Heißklebepistole sind super und sollten zu deiner Grundausstattung gehören. Toll sind auch Alleskleber und Stoffkleber.

Klebestift

Mit dem Klebestift kannst du Papier oder Tonpapier auf- oder zusammenkleben. Bei Flüssigkleber wird das Papier schnell wellig.

Zahnstocher

Oft kommt ein dicker Klecks Kleber aus der Tube. Mit Zahnstochern kannst du auch kleine Mengen Bastelkleber, Alleskleber oder Stoffkleber auftragen. Willst du Bastelkleber flächig auftragen, nimm einfach ein Stück Pappe zu Hilfe.

Heißkleber

Die Heißklebepistole ist, wie der Name schon sagt, ziemlich heiß und du kannst dich schnell verbrennen. Also lass dir besser von einen Erwachsenen helfen, wenn du sie benutzen möchtest.

Schablonen herstellen

Vorlagen erstellen

Für viele Bastelideen findest du hinten im Buch Vorlagen. Manchmal musst du sie zunächst auf die passende Größe kopieren. Hast du das erledigt, kannst du dir eine Schablone basteln. Lege dazu einen Bogen Transparentpapier auf das gewünschte Motiv und übertrage mit einem Bleistift alle benötigten Teile.

Jetzt kannst du das Transparentpapier auf hellen Fotokarton kleben und deine Teile sauber ausschneiden.

Als Nächstes legst du deine Schablone seitenverkehrt auf den gewünschten Fotokarton und umfährst die äußeren Konturen wieder mit einem Bleistift. Nun musst du die Motive nur noch ausschneiden.

Wenn du deine Schablone auf Stoff übertragen möchtest, legst du die Schablone auf die vorbereitete glatte Stoffrückseite und umrandest sie mit einem Bleistift. Dann kannst du die Form ausschneiden.

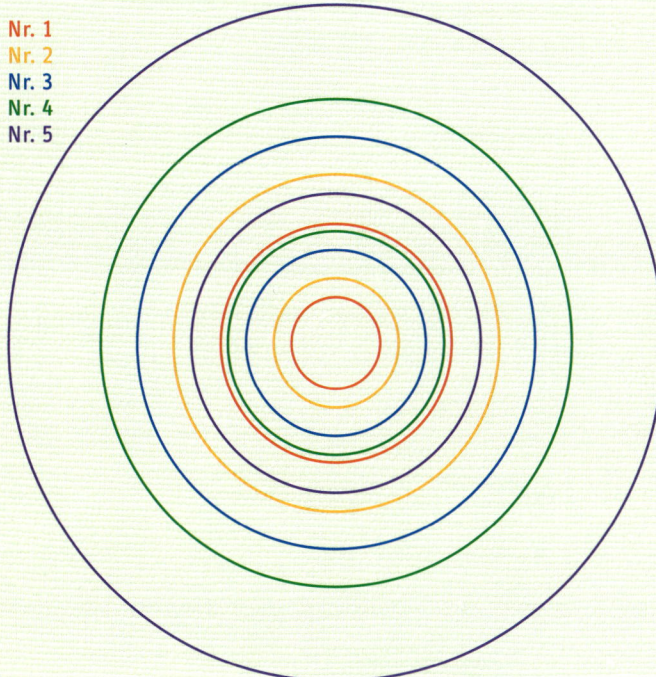

Nr. 1
Nr. 2
Nr. 3
Nr. 4
Nr. 5

3 Wenn das Loch in der Mitte der Pappschablonen ausgefüllt ist, schneidest du die Wolle ringsum mit der Schere auf und bindest sie zwischen den Pappringen mit einem Wollfaden ab. Jetzt reißt du die Pappschablonen ein und entfernst sie, dann schneidest du den Pompon in die passende Form.

Pompons wickeln

Du hast verschiedene Möglichkeiten, einen Pompon zu wickeln – z. B. mit Pomponsets aus Plastik, mit selbst gemachten Schablonen aus Pappe oder mit einem Bleistift.

Wickeln mit Pappschablonen

1 Mit der Vorlage auf dieser Seite (siehe oben rechts) kannst du zwei Pappschablonen anfertigen, die genau gleich aussehen.

2 Lege die Schablonen aufeinander und umwickle sie mit Wolle. Dazu fädelst du am besten einen langen Wollfaden in eine dicke Stopfnadel und windest sie wie auf dem Bild in festen Schlingen um die Pappringe.

Kleine Näharbeiten

Mit dem Vorstich (Heftstich) lassen sich Motivteile verbinden. Er ist der einfachste Stich. Mache einen Knoten in das Fadenende, stich mit der Nadel durch den Stoff nach unten und im gleichen Abstand wieder nach oben.

Vorstich

Tipps & Tricks zum Gärtnern

Diese Dinge sollten zu deiner Gartengrundausstattung gehören.

Töpfe oder Kübel

Darin kannst du Bumensamen aussäen, Blumen einpflanzen oder kleine Feengärtchen anlegen.

Gartenhandschuhe

Schützen deine Hände vor Dreck und kleinen Verletzungen, z. B. durch bestimmte Pflanzen, wie Brennnesseln oder Rosen.

Gummistiefel

Halten deine Füße trocken und dürfen ruhig dreckig werden, denn sie lassen sich ganz leicht abwaschen.

Alte Klamotten

Bei der Gartenarbeit wirst du leicht schmutzig. Als Arbeitskleidung eignen sich deshalb alte Klamotten besonders gut.

Gießkanne

Ohne ausreichende Bewässerung deiner Pflanzen tut sich nichts im Garten, deshalb Gießen nicht vergessen!

Handschaufel

Mit einer Handschaufel gräbst du Pflanzlöcher, um Kräuter, Blumen oder Gemüsesetzlinge einzupflanzen.

Gartenschere

Mit einer Gartenschere kannst du Kräuter, Blumen und Sträucher ab- oder zuschneiden.

Handhacke

Eine Handhacke hilft dir beim Unkraut jäten und beim Auflockern des Bodens.

Pflanzen und Vermehren

Von einigen Pflanzen, die du im Frühjahr ausgesät hast, kannst du im Herbst die Samen nehmen, um sie im nächsten Frühling wieder neu auszusäen.

Ernte Samen immer von gesunden, kräftigen und hübschen Pflanzen. Achte darauf, die Samen so lange wie möglich an der Pflanze ausreifen zu lassen. Wenn sich die Samenhülle öffnet und braun ist, ist der richtige Zeitpunkt gekommen. Schneide mit einer Gartenschere die Samenstände ab und lege sie zum Trocknen in eine mit Küchenpapier ausgelegte Schachtel.

Vollständig ausgetrocknete Samen bröselst du aus ihren Hüllen heraus und verstaust sie in kleinen Schraubgläsern oder Tüten. Beschrifte deine Behälter mit Etiketten, damit du im nächsten Frühjahr noch weißt, welche Samen zu welcher Pflanze gehören. Bewahre deine Samen an einem trockenen und dunklen Ort auf. Im besten Fall sind sie drei Jahre lang keimfähig.

Diese Blumen- und Gemüsesorten eignen sich gut für die eigene Samenernte: Sonnenblumen, Ringelblumen, Mohn, Kapuzinerkresse, Erbsen, Bohnen und Kürbisse.

Auch Blumenzwiebeln kannst du vermehren. Viele von ihnen entwickeln Tochterzwiebeln, das sind kleine Zwiebeln, die neben der Mutterzwiebel heranwachsen. Wenn du im Herbst z. B. Tulpen ausgräbst, kannst du die Tochterzwiebeln von der Mutterzwiebel abtrennen und beide für sich wieder einpflanzen. Im nächsten Jahr bilden sich daraus größere Zwiebeln und eine zweite Tulpe entsteht.

Tipps & Tricks zum Kochen und Backen

Bevor es losgeht

- Achtung, Händewaschen nicht vergessen. Und zwar mit warmem Wasser und Seife.

- Eine Kochschürze bewahrt deine Klamotten vor Flecken.

- Lange Haare bindest du am besten zu einem Zopf zusammen.

- Herd und Ofen sind an? Dann bleibst du in der Küche und führst Aufsicht!

- Vorsicht vor heißen Blechen, kochendem Wasser und scharfen Messern. Lass dir am besten von einem Erwachsenen helfen.

- Niemals heiße Sachen ohne Backhandschuhe oder Topflappen anfassen.

- Bevor du loslegst: Rezept gut durchlesen und alle Zutaten und Geräte bereitstellen

Hinweis

Die Temperaturen in diesem Buch sind immer für einen E-Herd angegeben. Für einen Umluftherd ziehst du einfach immer 20 °C ab. E-Herd 180 °C = Umluftherd 160°C. Backöfen müssen immer vorgeheizt werden, damit sie die richtige Temperatur haben.

Zwiebeln schneiden

Setze eine Taucherbrille beim Zwiebelnschneiden auf, dann lässt die Zwiebel deine Augen in Ruhe.

Zuerst entfernst du mit einem Messer vorsichtig die Schale der Zwiebel. Dann schneidest du sie, von der Wurzel zur Spitze, einmal in der Mitte durch.

Eine Hälfte der Zwiebel legst du mit der Schnittfläche nach unten auf dein Schneidebrett und schneidest sie in Richtung der Faser in kurzen Abständen ein. Zum Schluss schneidest du die Zwiebel quer zur Faser, dabei zerfällt sie in kleine Würfel.

Gemüse säubern

Obst und Gemüse solltest du immer gründlich waschen, bevor du es verarbeitest.

Zum Abschrubben nimmst du am besten eine Bürste und reinigst dein Gemüse unter fließendem Wasser.

Zum Schälen von Obst und Gemüse benutzt du einen Sparschäler.

Eier trennen

Zunächst schlägst du das Ei in der Mitte vorsichtig an den oberen Rand einer Schüssel, sodass ein Riss in der Schale entsteht.

Vergrößere den Riss mit den Fingern und ziehe das Ei vorsichtig über der Schüssel auseinander. Dabei muss das Eigelb in einer Schalenhälfte bleiben.

Das Eiweiß landet auf diesem Weg in der Schüssel. Lass es gut abtropfen, indem du das Eigelb ein paarmal von einer Schalenhälfte in die andere flutschen lässt. Jetzt kannst du das Eigelb in eine kleine Schale schütten und dein Ei ist getrennt.

Wichtig!

Wenn du das Eiweiß zu Schnee schlagen willst, darf nichts vom Eigelb ins Eiweiß tropfen. Auch die Rührbesen des Handrührgeräts müssen dabei ganz sauber sein.

Schokolade im Wasserbad schmelzen

Zuerst zerkleinerst du die Schokolade mit einem Messer. Fülle dann einen Topf zur Hälfte mit heißem Wasser. Gib die Schokostückchen in eine kochfeste Schüssel (sie sollte etwas kleiner als dein Topf sein) und stelle sie in den Topf. Erwärme das Ganze bei kleiner bis mittlerer Hitze auf dem Herd und rühre mit einem Löffel immer mal wieder um. Achte darauf, dass kein Tropfen Wasser in die Schokoladenschüssel gelangt, sonst wird die Schokolade bröselig und ist nicht mehr zu gebrauchen.

Du kannst Schokolade auch in der Mikrowelle schmelzen. Stelle sie in einem Schälchen bei geringer Hitze 30 Sekunden in die Mikrowelle und rühre die Schokolade dann um. Wiederhole diesen Vorgang solange, bis die Schokolade vollständig geschmolzen ist.

Übrig gebliebene, geschmolzene Schokolade kannst du in ein Glas mit Schraubdeckel füllen und zu einem späteren Zeitpunkt wieder aufwärmen.

Stäbchenprobe

Sie ist unerlässlich beim Kuchenbacken. Wenn du nicht sicher bist, ob dein Kuchen oder deine Muffins schon fertig sind, pikst du mit dem Holzstäbchen vorsichtig in dein Backwerk. Kleben noch feuchte Teigkrümel an dem Stäbchen, solltest du dein Gebäck noch ein paar Minuten länger im Backofen lassen.

GUSTAV GLOTZ

FRÜHLING

Faschingskerlchen

Diese frechen Kerle machen sich großartig auf jeder Faschingsparty und das Beste ist: Sie schmecken auch noch richtig lecker.

1 Zuerst erwärmst du die Milch in einem Topf. Lass die Butter darin schmelzen. Verrühre Mehl, Zucker, Ei und Salz in einer großen Rührschüssel. Dann schüttest du die Milch ebenfalls hinein und bröselst die Hefe darüber.

2 Jetzt wird kräftig geknetet. Am besten geht das mit dem Knethaken des Handrührgeräts. Der Teig sollte zu einer Kugel werden und nicht mehr am Rand der Schüssel kleben. Lass ihn anschließend 10 Minuten ruhen.

3 Nun kannst du deiner Fantasie freien Lauf lassen. Nimm eine Kugel Teig in der Größe eines Tischtennisballs und forme daraus wilde Faschingsmonster. Für die Augen kannst du prima Rosinen oder Nüsse verwenden. Falls deine Monster gefährliche Zähne bekommen sollen, nimm einfach ein paar Mandelstifte für die Beißerchen.

4 Lege Backpapier auf ein Backblech und die Monster-Brötchen darauf. Die frechen Kerlchen bekommen jetzt noch einen Pinselanstrich mit Eigelb und wandern dann bei 190 °C für ca. 15 Minuten in den Backofen, bis sie goldgelb sind. Dann kannst du sie herausnehmen, abkühlen lassen und verputzen.

Zutaten

für ca. 12 Hefe-Kerlchen
- 500 g Mehl
- 75 g Butter
- 20 g Zucker
- 1 Ei
- 1 Eigelb
- 40 g Hefe
- 220 ml Milch
- 1 TL Salz
- Handvoll Rosinen
- Handvoll Mandelstifte
- Handvoll Mandeln
- Handvoll Kürbiskerne
- Handvoll Cashews
- Handvoll Haselnüsse

Tipp

Wenn du Lust hast, kannst du deinen Faschingskerlchen noch lustige Papierhütchen basteln. Rolle dazu einfach ein buntes Stück Papier zu einer Tüte, klebe die seitlichen Enden mit einem Klebestreifen fest und schneide die Tüte unten gerade ab.

Närrische Lollimonster

Zutaten

für ca. 6-8 Lollis

- 2 Handvoll bunte Bonbons
- Zuckeraugen (gibt's im Internet oder in gut sortierten Küchengeschäften)
- Lollistiele

Gibt es bessere Fachingssüßigkeiten als Lollimonster? So kunterbunt, fröhlich und lecker wie sie sind, sorgen sie für großartige Faschingsstimmung!

1 Heize den Backofen auf 100 °C vor. Lege ein Backblech mit Backpapier aus. Befreie die Bonbons aus ihrer Verpackung und sortiere sie nach Farben.

2 Lege die Bonbons in kleinen Reihen untereinander oder nebeneinander auf das Backpapier. Alle gleichfarbigen Bonbons können z. B. in einer Reihe liegen. Lass deiner Fantasie freien Lauf – wichtig ist nur, dass die Bonbons gleichmäßig und schön dicht beieinanderliegen.

3 Schiebe das Blech in den Backofen. Bleibe dabei und beobachte durch das Ofenfenster, wie die Bonbons zerlaufen. Sobald sie eine ebene Platte bilden, nimmst du das Blech zusammen mit einem Erwachsenen aus dem Ofen.

4 Nun müsst ihr schnell sein. In die noch flüssige Lollimasse drückt ihr ein bis zwei Monsteraugen und den Lollistiel ein. Jetzt musst du nur noch warten, bis deine Monster schön ausgekühlt sind, dann kannst du sie vom Backpapier abziehen.

GUSTAV GLOTZ

Gruselige Monsterfüße

Hast du Lust, dich in diesem Jahr als Monster zu verkleiden? Hier kommen die passenden Gruselfüße dazu.

Material

• 2 Kosmetiktücher-Boxen, leer
• 3 Haushaltsschwämme
• Acrylfarbe in Blau
• UHU Alleskleber
• Schere

1 Zuerst malst du die Kosmetiktücher-Boxen mit blauer Acrylfarbe an. Wahrscheinlich brauchen sie einen zweiten Anstrich.

2 Aus den Schwämmen schneidest du ca. 7 cm lange Dreiecke zurecht. Schneide so viel von der weichen Schwammseite ab, dass die Dreiecke ungefähr gleich viel von der rauen und der weichen Schwammseite haben.

3 Jetzt kannst du die restlichen weichen Schwammteile in kleine Schnipsel schneiden und auf die Box kleben. Die Dreiecke klebst du vorne an die Boxen. Natürlich kannst du deine Füße auch noch nach Lust und Laune weiter verzieren.

Tipp

Du rutschst aus deinen Monster-füßen heraus? Du kannst die Öffnung einfach mit Kreppklebeband verkleinern, dann halten deine Füße besser. Vorsicht: Die Monsterfüße sind aus Pappe! Allzu wild solltest du nicht damit herumtoben, sonst gehen sie kaputt.

Steckenpferd- prinzessin

Du würdest gern mal wieder ausreiten? Kein Problem. Krame kurz in deiner Sockenkiste, zaubere ein bisschen und dann: Schwing' die Hufe!

Material

- Socken in Pink
- Wattekugel, ø 4 cm
- Besenstiel
- Füllwatte
- Wolle in Pink
- Plüschstoff in Rosa
- Pomponband in Rosa
- Webband
- Deko-Krone
- Kabelbinder
- Permanentmarker in Schwarz
- Nadel mit breiter Öffnung
- Heißklebepistole
- Cutter mit Schneideunterlage
- Schere

1 Zuerst stopfst du deinen Socken rappelvoll mit Füllwatte. Dann stülpst du das Sockenende über einen Besenstiel (ein halber Besenstiel tut es auch) und befestigst es mit dem Kabelbinder an dem Stiel.

2 Für die Augen schneidest du von deiner Wattekugel mit einem Cutter das untere Drittel ab und malst mit einem Permanentmarker schwarze Pupillen auf. Dann werden beide Augen mit der Heißklebepistole auf den Kopf geklebt. Aber Achtung, lass dir dabei lieber helfen!

3 Jetzt schneidest du aus rosa Plüsch zwei zarte Öhrchen aus und klebst sie ebenfalls mit der Heißklebepistole an die Seiten deiner Steckenpferdprinzessin.

4 Fehlen noch die Haare: Schneide einen 1,5 m langen Woll- faden zurecht und fädele ihn durch eine Nadel. Mit der Nadel stichst du jetzt in deinen Socken und kurz neben dem Einstich wieder raus. Haben die Haare die gewünschte Länge, schneidest du sie von der Nadel ab.

5 Die beiden Enden deines Wollfadens verknotest du eng am Kopf miteinander, damit die Frisur schön sitzt. Danach setzt du direkt neben der Wollsträhne wieder für neue Haare an. Zum Schluss klebst du deine Krone zwischen die Haare.

6 Für das Zaumzeug wickelst du Webband einmal um die Schnauze herum, schneidest es zurecht und nähst die Enden zusammen. Seitlich (rechts und links) verknotest du jetzt ein ca. 1 m langes Stück Pomponband mit dem Webband. Fertig sind die Zügel und du kannst losreiten.

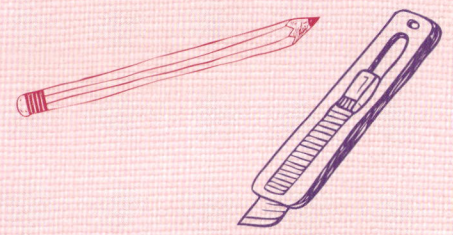

Kunterbunte Krachmacher

Ob zu Fasching oder einfach so: Krachmachen bringt immer eine Menge Spaß und vertreibt die Wintergeister.

1 Zuerst klebst du eines der beiden Löcher der Spule mit Kreppklebeband zu. Durch die die Öffnung auf der anderen Seite lässt du Reis oder Erbsen hineinrieseln.

2 Verschließe jetzt auch das zweite Loch mit Kreppklebeband. Schüttle die Spule und höre mal, wie schön es raschelt!

3 Jetzt kannst du die Rassel mit Acrylfarbe bunt anmalen. Lass die Farbe gut trocknen. Zur Verzierung tauchst du den Radiergummi deines Bleistifts in die Acrylfarbe und stempelst damit bunte Punkte auf die Spule auf.

Material

- Geschenkband-Spulen in unterschiedlichen Größen
- Kreppklebeband
- 1 EL Reis
- 1 EL Erbsen
- Acrylfarbe in Goldgelb, Orange, Brilliantrot, Hellblau und Pink
- Pinsel
- Bleistift mit Radiergummi

Tipp

Vielleicht fallen dir ja noch andere Sachen ein, die du in die Rassel hineinpacken könntest. Wie wäre es mit Linsen, Heftzwecken, kleinen Steinchen oder Pailletten?

Bunte Zierknöpfe

Nähe diese fröhlichen Knöpfe auf deine Shirts oder Stofftaschen und der Frühling zieht in deinen Kleiderschrank ein.

1 Rolle die Modelliermasse mit dem Nudelholz etwa 3–4 mm dick auf Backpapier aus. Jetzt kannst du mit deinen Kreis-Ausstechern Knöpfe ausstechen.

2 Damit du die Knöpfe später auch annähen kannst, stichst du mit einem Schaschlikspieß zwei kleine Löcher in die Mitte der ausgestochenen Kreise. Ziehe den Spieß einmal durch deinen Knopf und lege den Knopf dann mit der Einstichseite nach oben auf einen Teller.

3 Lass die Knöpfe an der Luft härten. Oder du stellst den Teller zusammen mit einem Glas Wasser in die Mikrowelle. Dort härtest du deine Knöpfe bei 600 Watt etwa zehn Minuten. Beachte die Herstelleranleitung. Nimm die Knöpfe heraus und lass sie auskühlen.

4 Male die Knöpfe zuerst mit einer Farbe ganzflächig an. Vergiss die Ränder nicht. Ist die Farbe getrocknet, umrandest du die Knopflöcher und den Rand mit einer anderen Farbe. Zum Schluss trägst du noch eine Schicht Klarlack auf.

Material

- luft- oder mikrowellenhärtende Modelliermasse (z. B. FIMO® air light)
- Backpapier
- Nudelholz
- Kreis-Ausstecher, ø 2 cm, 2,5 cm und 3 cm
- Acrylfarbe nach Wunsch
- Pinsel
- Klarlack in Matt
- Schaschlikspieß

Tipp

Du kannst auch mit anderen kleinen Ausstechformen witzige Knöpfe selber machen. Probiere doch mal Herzen, Sternchen und Blumen aus.

Familie Stifthalter

Für das Chaos auf deinem Schreibtisch gibt es jetzt eine Lösung: Familie Stifthalter zieht ein! Die Herrschaften sorgen für Ordnung und sehen dabei auch noch gut aus.

1 Zuerst schneidest du von zwei Klopapierrollen ca. ein Viertel ab. Dann bemalst du das obere Drittel aller Rollen mit Acrylfarbe in Hellrosa.

2 Ist die Farbe getrocknet, zeichnest du mit Bunt- und Filzstiften Gesichter auf und gestaltest sie ganz wie es dir gefällt. Aus Filzresten kannst du der Familie lustige Frisuren schneiden und ankleben. Dazu legst du einfach einen Filzrest um die Rolle, zeichnest die Frisur auf und schneidest sie aus.

3 Genauso bekommen deine Familienmitglieder auch ihre schicken Anziehsachen. Eine Krawatte aus einem Stoffrest, ein Gürtel aus einem Webband oder Pailletten als Haarschmuck – deiner Fantasie sind keine Grenzen gesetzt.

4 Jetzt schneidest du noch aus dem Papprest je zwei gleich große, etwa 25 cm x 6 cm lange Stücke zurecht und klebst sie mit Alleskleber übereinander.

5 Mit Masking Tape beklebst du die Seite und die Oberfläche des Pappstreifens. Dann kannst du deine Familienmitglieder auf die bunte Pappleiste kleben.

6 Wenn alles gut getrocknet ist, macht Familie Stifthalter nichts lieber, als deine Stifte Scheren, Pinsel usw. für dich auf deinem Schreibtisch in Ordnung zu halten. Nett, nicht wahr?

Material

- 4 leere Klopapierrollen
- Pappe, ca. 25 cm x 20 cm
- Filzreste in Hellbraun, Dunkelbraun und Schwarz
- Borten
- Webbänder
- Rüschenband
- Pailletten
- Knöpfe
- Stoffreste
- Acrylfarbe in Hellrosa
- Pinsel
- Buntstift in Rot
- Filzstifte in Rot, Grün und Hellblau
- Masking Tape nach Wunsch
- Klebestift
- UHU Alleskleber
- Schere

Tipp

Natürlich kannst du auch noch mehr Familienmitglieder basteln und aufkleben. Dann musst du den Pappstreifen nur entsprechend länger zuschneiden.

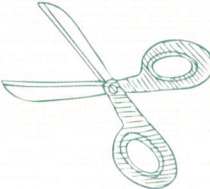

Kleine Aufzuchtstation

Im Frühjahr wird gesät! Beachte bei der Aussaat deiner Gemüsesamen immer die Anweisung, wann genau sie ausgesät werden wollen.

1 Zuerst füllst du Aussaaterde oder Komposterde in einige Pappbecher und drückst sie leicht an. Vielleicht hast du Mandarinenkisten oder andere Kästen, in denen du die Becher aufstellen kannst.

2 Dann säst du deine Gemüsesamen in die leicht angefeuchtete Erde und bedeckst sie, wenn nötig, mit einer Erdschicht. Achte beim Gießen darauf, dass du die Erdschicht nicht wieder wegspülst.

3 Beschrifte deine frisch gesäten Schätze, damit du später weißt, welche Pflanze du vom Becher ins Beet pflanzt.

4 Wenn du die Pappbecher mit Frischhaltefolie abdeckst, verhinderst du ein schnelles Austrocknen der Erde in der Keimphase. Stelle deine Becher warm und hell auf, bis die ersten Keimlinge erscheinen, dann entfernst du die Folie.

5 Wenn deine Pflänzchen größer geworden sind, ist es Zeit für sie, ins Gemüsebeet, eine Holzkiste oder einen großen Kübel umzuziehen.

Material

- Gemüsesamen (Kürbis, Zucchini, Rote Beete, Möhren, Gurken)
- Aussaaterde oder Komposterde
- Pappbecher

Vogelscheuche verjagt freche Vögel

Damit dein Obst und Gemüse nicht von Vögeln aufgefuttert wird, bevor du es selbst geerntet hast, kannst du eine Vogelscheuche aufstellen. Sie verscheucht die hungrigen Diebe!

Material

- Jutestoff, 60 cm x 60 cm
- Stoffrest, 35 cm x 35 cm
- Bastelfilz in Rosa, Rot und Schwarz, 20 cm x 30 cm
- Stroh
- Gartenschnur 1,50 , lang
- Holzstiel, 1,20 m lang
- Holzstiel, 70 cm lang
- Kinderhemd
- Latzhose
- Strohhut
- UHU Alleskleber

1 Zuerst ist der Kopf dran. Falte das Jutestück einmal zu einem Dreieck. Jetzt füllst du den Raum zwischen den beiden Lagen mit Plastikbeuteln oder Stroh. Nimm alle vier Zipfel des Jutetuchs und halte sie in einer Hand, die andere Hand bindet die Zipfel zusammen.

2 Augen, Mund und Wangen schneidest du aus Bastelfilz zurecht und klebst sie mit Alleskleber auf.

3 Stülpe den Kopf auf den längeren Holzstiel. Lege den Stiel auf den Boden und positioniere etwa 30 cm vom Kopfende entfernt den kürzeren Holzstiel. Umwickle die Verbindungsstelle des Kreuzes fest mit Gartenschnur.

4 Binde mit der Schnur die Hosenbeine zu und schneide ein kleines Loch hinten in die Latzhose. Hierdurch steckst du von oben nach unten den langen Stiel. Über den kurzen Stiel ziehst du das Hemd und knöpfst es vorne zu. Stopfe Hemd und Hose mit Stroh oder Plastiktüten voll.

5 Binde deiner Vogelscheuche noch ein Halstuch aus einem bunten Stoffrest um und setze ihr einen Hut auf. Nun kannst du sie aufstellen!

Hüpf-Frosch Fridolin

Verwandle einen einfachen Pappbecher in einen hüpfenden Frosch! Los geht's!

Material

• 2 Pappbecher
• Eierkarton
• Fotokartonreste in Grün und Rot
• Wackelaugen, ø 1,2 cm
• Acrylfarbe in Grün
• Stoffrest, bunt
• 2 Haushaltsgummis
• UHU Alleskleber
• Prickelnadel

Vorlage Seite 148

1 Schneide aus einem Eierkarton zwei Eiermulden an einem Endstück heraus. Male die Pappbecher und die Eiermulden grün an.

2 Schneide aus dem Stoffrest ein ovales ca. 7 cm x 8 cm großes Stück für den Bauch zu und klebe es mittig auf den umgedrehten Becher.

3 Schneide Arme und Beine der Vorlage nach aus grünem Fotokarton aus und klebe sie an die Seiten bzw. an die Becheröffnung.

4 Schneide der Vorlage nach eine rote Zunge aus und klebe sie zusammen mit den Wackelaugen auf den Froschkopf. Ist der Kleber getrocknet, klebst du den Froschkopf auf den Körper.

5 Stich mit der Prickelnadel vier Löcher in den Rumpf des Frosches. Achte darauf, dass sich je zwei Löcher gegenüberliegen und die gespannten Gummis später ein Kreuz ergeben können.

6 Zerschneide die Haushaltsgummis, fädle ein Ende durch ein Loch und verknote es innen. Das andere Ende des Gummis fädelst du durch das gegenüberliegende Loch und verknotest es ebenfalls. Mit dem zweiten Gummi machst du es genauso.

Tipp

Damit dein Frosch hüpfen kann, drückst du ihn mit den Gummis auf einen weiteren umgedrehten Pappbecher und lässt dann plötzlich los. Hüpf, hüpf!

Blütenkränzchen

Gönne dir eine Runde Frühling als Kopfschmuck.
Der Blütenkranz ist ganz schnell gebunden und
sorgt im Nu für gute Laune.

1 Zuerst brauchst du eine schöne Sammlung
langstieliger Blumen. Bartnelken,
Margeriten, Vergissmeinnicht, kleine
Rosen, aber auch Wiesenblumen wie
Gänseblümchen, Löwenzahn und
Butterblumen kannst du verwenden.

2 Nimm ein Stück Blumendraht und wickle
es vorsichtig um deinen Kopf. So kannst
du abmessen, wie groß dein Kränzchen
werden soll. Schneide den Draht zurecht und
verzwirble die Enden so miteinander, dass
ein Ring entsteht.

3 Jetzt legst du immer ein paar Blumenstiele
zusammen, am besten ein bisschen versetzt
voneinander, und umwickelst den Bund
ebenfalls mit Blumendraht. Überstehende
Blumenstiele schneidest du einfach ab. Dann
befestigst du den Bund am Drahtkranz.

4 Bund für Bund knotest du jetzt am Blumendraht fest, bis du einen prachtvollen
Blütenkranz hast. Natürlich sind Blumen
kein dauerhafter Haarschmuck. Um dein
Kränzchen ein wenig haltbarer zu machen,
kannst du es zwischendurch in eine große
Schüssel mit Wasser legen.

Material

- verschiedene Blüten
  (z. B. Margeriten, Bartnelken,
  Vergissmeinnicht, Astern,
  Butterblumen, Glockenblumen,
  Gänseblümchen, Löwenzahn)
- Blumendraht
- Zange

Vogelmobile

Jetzt wird's bunt! Ob Kinderzimmer, Gartenhäuschen oder Küchenfenster – dieses hübsche Mobile macht überall eine gute Figur und baumelt fröhlich vor sich hin.

1 Zuerst umwickelst du beide Mobile-Ringe: den größeren mit Satinband und den kleineren mit Pomponband. Dafür den Anfang des Bandes am Ring festknoten, umwickeln und das Ende ebenfalls festknoten oder -kleben. Umwickle den größeren Ring nochmals mit Pomponband, dieses Mal aber weniger dicht.

2 Schneide der Vorlage nach kleine Blätter aus Filz zu und klebe sie auf den Ring. Aus bunten Filzresten kannst du Blumen ausschneiden und ebenfalls an den großen Ring ankleben.

Material

- Mobile-Ring verchromt, ø 15 cm
- Mobile-Ring verchromt, ø 30 cm
- buntes Pomponband, 2,5 cm breit und 2 m lang
- Satinband in Hellgrün, 0,7 cm breit und 1 m lang
- Pomponband in Pink, 1,5 cm breit und 1 m lang
- Satinband in Pink, Hellblau, Rot, Gelb, 0,7 cm breit, 20 cm und 40 cm lang
- Bastelfilzreste in Hellgrün, Hellblau, Gelb, Pink und Rosa
- Häkelblumen
- Deko-Vogel, 13 cm hoch
- Klebestift
- Schere

3 Binde 20 cm lange Satinbandstücke zu Schleifen und knote sie an den Ring, je bunter, je schöner.

4 Verbinde nun die beiden Ringe mit einem 40 cm langen Stück Satinband. Knote es an beiden Ringen fest. Das Band dient dir dann auch als Aufhänger. Zum Schluss den kleinen Vogel befestigen und fertig ist dein buntes Mobile!

Geheimversteck

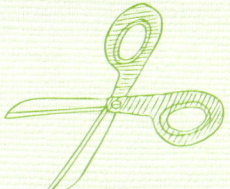

Ein braves Vogelhäuschen? Denkst du! Perfekt getarnt kommt hier das ultimative Versteck für geheime Schätze.

1 Schneide die Geschenkpapierreste entsprechend der Größe des Häuschens grob vor und klebe sie um das Vogelhäuschen herum. Überstehende Reste schneidest du ab.

2 Das Loch auf der Vorderseite überklebst du ebenfalls. Dann schneidest du es mit einer kleinen Schere mehrmals so ein, dass du die einzelnen Schnipsel nach innen knicken und festkleben kannst.

3 Klebe ein ca. 30 cm langes Stück von dem breiteren Pomponband um das Häuschen herum. Das dünne Pomponband verschönert den Giebel und wird dort ebenfalls festgeklebt.

4 Den Draht, der sich an dem Minivögelchen befindet, wickelst du um den kleinen Ast herum. Der Raubvogel bewacht nämlich deine Schätze!

Material

- kleines Vogelhaus aus Holz mit Klappe hinten, 17 cm x 11 cm x 8,5 cm
- Geschenkpapierreste mit Blumen
- Pomponband in Hellgrün, Blau und Pink, je 2,5 cm breit
- Pomponband in Pink, Gelb und Blau, je 1 cm breit
- Klebestift
- Schere
- Minivogel mit Draht, ca. 3,5 cm hoch

Tipp

Deine Schätze wandern nun durch die hintere Klappe ins Häuschen. Da kommt garantiert niemand drauf!

Verrückte Vögel

Was wäre der Frühling ohne Vögelchen? Mit diesen fröhlichen Piepmätzen zieht der Frühling auch in dein Zimmer ein.

1 Zuerst malst du die Becher mit Acrylfarbe an. Lass die Farbe gut trocknen. In der Zwischenzeit kannst du dich um die Dekoration kümmern.

2 Schneide der Vorlage nach einen Schnabel aus Fotokarton aus klebe ihn mittig außen auf den Becherboden.

3 Von den Styropor®-Kugeln schneidest du mit einem Cuttermesser ungefähr ein Drittel ab, lass dir dabei von einem Erwachsenen helfen. Male mit schwarzem Permanentmarker jeweils einen Kreis auf die Kugeln, fertig sind die Augen! Fixiere sie mit Alleskleber über dem Schnabel.

4 Jetzt fliegen die Federn! Nimm jeweils sieben Federn und hefte sie auf ein kleines Stück Fotokarton. Dann kannst du ein Federnpaket rechts und eines links seitlich auf deinen Pappbecher kleben. Einen kleinen Federnrest klebst du mittig über die Augen.

5 Damit dein Vogel ein Stück fliegen kann, stichst du mit einer Prickelnadel in die Mitte des Oberkörpers ein Loch. Hier fädelst du ein Ende der Zugfeder hindurch und verbiegst den Draht im Becher, sodass die Zugfeder nicht mehr herausrutschen kann.

Material

- 2 Plastikbecher
- 30 Softfedern in Pink, Blau, Grün, Rot und Gelb
- 4 Styropor®-Kugeln, ø 1,5 cm
- 2 Zugfedern mit Ösen, 60 cm x 6,3 cm
- Fotokartonrest in Gelb und Orange
- Acrylfarbe in Gelb und Orange
- Permanentmarker in Schwarz
- Klebefilm
- UHU Alleskleber
- Prickelnadel
- Bürohefter
- Cuttermesser mit Unterlage

Vorlagen Seite 148

Flower Power!

Ob du einen Blumentopf verschönern oder jemandem eine Freude machen möchtest, diese Klorollen-Blumen machen immer eine gute Figur!

1 Male die Klorolle innen und außen bunt an. Lass alles gut trocknen. Schneide die Rolle an einer der offenen Seiten ca. 4 cm ein. Im Abstand von je 1 cm schneidest du die Rolle rundherum an beiden Seiten ein. Biege die Pappstreifen nach außen.

2 Mit der Heißklebepistole klebst du einen Trinkhalm an das Blumen-Mittelstück. Lass dir dabei von einem Erwachsenen helfen. Schneide nach der Vorlage aus dem Fotokarton Blätter aus und klebe sie mit Alleskleber an den Stiel.

Material

- 3 leere Klopapierrollen
- 3 Plastik-Trinkhalme
- Acrylfarbe in Dunkellila, Flieder, Gelb, Pink, Rosa und Rot
- Fotokarton in Hellgrün, 20 cm x 20 cm
- Heißklebepistole
- UHU Alleskleber
- Schere

Vorlagen Seite 150

Kartoffel Kindergarten

Wunderbare Kartoffelvermehrung

Wenn du im Frühjahr eine Kartoffel in die Erde legst, wächst in kurzer Zeit eine ordentliche Pflanze heran. Nach ungefähr 100 Tagen stirbt das Kartoffellaub ab und du kannst ernten!

1 Bevor du die Kartoffeln in die Erde legst, lässt du sie vorkeimen, das verschafft ihnen einen Wachstumsvorsprung. Lege sie Anfang März in einen Eierkarton oder eine Holzkiste und stelle diese an einen hellen und warmen Ort (z. B. auf eine Fensterbank). Mit der Zeit bekommen die Kartoffeln ungefähr zwei Zentimeter lange Triebe.

2 Mitte April wird gepflanzt. Für einen Pflanztopf brauchst du nur drei mittelgroße Pflanzkartoffeln. Vermische Blumenerde mit etwas Sand und gib eine 15 cm hohe Schicht davon in den Pflanzkübel. Jetzt legst du die drei Kartoffeln, mit den Trieben nach oben, darauf. Gib noch so viel Erde darüber, dass die Kartoffeln bedeckt sind. Dann gießt du das Ganze regelmäßig und wartest.

3 Wenn die Kartoffeltriebe 10 cm lang sind, füllst du wieder so viel Erde nach, dass nur noch die Blattspitzen zu sehen sind. Auf diese Weise musst du während des ganzen Wachstums der Pflanzen Erde nachfüllen, bis dein Topf randvoll ist. Wenn das Laub der Pflanzen schließlich braun wird, sind sie abgestorben und reif für die Ernte.

4 Ziehe immer die ganze Pflanze aus dem Topf und schüttle die Erde ab. Du wirst staunen, wie viele Kartoffeln dort ungeduldig unter der Erde darauf gewartet haben, von dir geerntet zu werden.

Material

- Kartoffeln
- hoher Pflanztopf, ø 40 cm
- Blumenerde
- Sand
- Gießkanne

Tipp

Kartoffeln mögen keine nassen Füße. Gießen, nicht Baden ist angesagt! Vorsicht! Die Früchte, die sich an den oberirdischen Trieben bilden, sind giftig!

Kreideblumen

Dieses zauberhafte Malereipaket ist ganz leicht zu machen und obendrein kannst du noch richtig schön dabei matschen!

1 Gib 500 g Gipspulver und 500 ml Wasser in eine Plastikschüssel. Verrühre das Ganze so lange mit einem Schneebesen oder einer Gabel, bis ein schöner Teig entstanden ist.

2 Verteile das Gips-Gemisch auf sechs Schälchen und rühre Farbpulver oder Ostereierfarbe unter. Je mehr Farbpulver du unterrührst, umso intensiver wird später die Farbe deiner Kreide.

3 Schütte die bunten Mischungen in die Blümchen der Muffinform und lass alles über Nacht aushärten. Dann drückst du die Kreideblumen aus der Form heraus, fertig!

Material

- 500 g Gipspulver
- Tempera-Farbpulver oder Ostereierfarbe in verschiedenen Farben
- Plastikschüssel
- 6 Schälchen
- Schneebesen
- Silikonform für Blumen-Muffins

Schmetterlings-geflatter

Stell' dir vor, du brauchst nicht viel mehr als Pappe und fröhliche Farben, um als Schmetterling davonzuflattern.

Material

- Pappkarton, 60 cm x 100 cm
- Pappkartonstreifen
- Acryllack in Pink, Rosa, Gelb und Hellblau
- Pinsel
- bunte Geschenkpapierreste
- Gummiband, 1 cm breit und 1,20 m lang
- Schere oder Cutter mit Schneideunterlage
- UHU Alleskleber

Vorlagen Seite 149

1 Knicke den Pappkarton in der Mitte und lege die beiden Karton-hälften aufeinander. Dann zeichnest du der Vorlage nach eine Schmetterlingshälfte darauf. Schneide den Schmetterlingsumriss mit einer guten Schere oder einem Cutter aus und klappe die Kartonhälften wieder auseinander.

2 Nun kannst du die Flügel nach Herzenslust auf der Vorder- und Rückseite bemalen. Lass die Farbe gut trocknen. Dann malst du auf die Vorderseite noch einen ca. 2 cm breiten Rand in einer weiteren Farbe deiner Wahl.

3 Aus Pappresten schneidest du verschieden große Punkte für den Schmetterling zurecht. Beklebe die Papppunkte mit buntem Geschenkpapier und klebe dann jeweils einen großen und einen kleinen Kreis aufeinander. Lass die Kreise gut trocknen und klebe sie auf die Flügel.

4 Damit du die Flügel anziehen kannst, schneidest du aus breitem Gummiband zwei ca. 60 cm lange Stücke zurecht. Diese klebst du auf der Rückseite rechts und links unter einem Streifen Pappe fest. Jetzt musst du sie nur noch anprobieren und für dich passend verknoten.

Verrückte Hühnertüten

Ich wollt', ich wär' ein Huhn ... dann bekäme ich ganz bestimmt diese hübschen Überraschungstütchen zu Ostern!

1 Schneide zunächst der Vorlage nach Flügel aus weißem Fotokarton aus. Beklebe die Flügel mit buntem Geschenkpapier und klebe sie dann mit Alleskleber auf die Vorderseite der Tüte.

2 Schneide Schnabel und Hahnenkamm aus Fotokarton aus. Der Schnabel wird seitlich an die Tüte geklebt. Das Wackelauge kommt auf die Vorderseite. Bevor du den Hahnenkamm anklebst, füllst du die Tüte mit Osterüberraschungen.

3 Klappe die Tüte nach hinten um und hefte sie auf der Rückseite zu. Jetzt kannst du den Kamm aufkleben und ein passendes Versteck für die Überraschungstüte suchen.

Material

- Papiertüten in Weiß, 30 cm x 30 cm und 13 cm x 20 cm
- Wackelaugen, ø 1,2 cm und 2 cm
- Fotokarton in Weiß, Rosa, Hellgrün, Hellblau und Gelb
- Geschenkpapierreste
- Bürohefter
- UHU Alleskleber

Vorlage Seite 150

Kleiner Kükengruß

Da lachen nicht nur die Hühner ... ein farbenfroher Ostergruß mit Fingerpuppe

1 Schneide das Ei der Vorlage nach aus Fotokarton aus und verziere es mit Masking Tape-Streifen. Den Rand auf der Hinterseite entlang der Rundung mit Bastelkleber bestreichen und das Ei auf die Vorderseite einer Faltkarte kleben.

2 Für das Küken schneidest du der Vorlage nach aus gelbem Bastelfilz zwei Küken-Grundkörper aus. Mit Nadel und gelbem Faden nähst du entlang der Außenkanten beide Filzstücke aufeinander. Nur die Öffnung unten bleibt für den Finger offen.

3 Schneide aus orangefarbenem Filz einen Schnabel zu und klebe ihn mit einem dünnen Streifen Bastelkleber auf deine Fingerpuppe auf. Zwei Augen aus schwarzem Filz gesellen sich dazu.

4 Zum Schluss klebst du die Spitze einer bunten Feder auf der Hinterseite deines Kükens fest und steckst die Fingerpuppe in das Ei auf der Karte.

Material

- bunte Faltkarten, A6
- Fotokarton in Weiß, A4
- Masking Tape nach Wunsch
- Bastelfilz in Gelb, 20 cm x 30 cm
- Bastelfilzrest in Orange und Schwarz
- bunte Federn
- Nähgarn in Gelb
- Nähnadel
- Bastelkleber

Vorlage Seite 148

Schnipseleier

Für Geschenkpapierschnipsel heißt es hier: ab auf die Osterinsel!

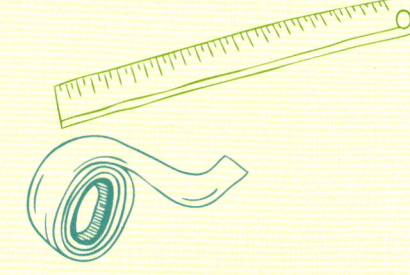

1 Aus buntem Fotokarton und Geschenkpapierresten stanzt du mit dem ovalen Motivstanzer Eier aus. Pro Papierei brauchst du zehn verschiedene Lagen.

2 Lege die Lagen ordentlich übereinander und nähe mit der Nähmaschine einmal längs darüber. Dann ziehst du den Restfaden der Nähmaschine in die Länge. Dieser Faden dient als Aufhängung. Verknote die Enden. Jetzt fächerst du die einzelnen Lagen auseinander, sodass eine dreidimensionale Eiform entsteht.

3 Den Schriftzug „Frohe Ostern" kreierst du am Computer mit einer Schriftart deiner Wahl, überträgst ihn auf schönen Fotokarton und schneidest alles aus. Mit kleinen Wäscheklammern kannst du die Buchstaben an einem Stück Bakers Twine befestigen und den Schriftzug dann wie eine Girlande aufhängen.

Material

- Geschenkpapier- und Fotokartonreste nach Wunsch
- Motivstanzer Oval, ø 6 cm
- Mini-Wäscheklammern, 3 cm lang
- Bakers Twine, ø 0,2 cm
- Klebestift
- Schere
- Nähmaschine

Möhrengirlande

Hier bekommen Mohrrüben einen glamourösen Auftrit!

1 Male die Deko-Möhren in verschiedenen Farben an. Das Grün der Möhren lässt du so. Lass die Farbe gut trocknen. Für schöne knallige Möhren ist wahrscheinlich ein zweiter Anstrich sinnvoll.

2 Tunke den Radiergummi des Bleistifts in Acrylfarbe und tupfe Punkte auf deine Möhren auf. Lass das Ganze gut trocknen, denn die Farbe der Punkte wird dick aufgetragen und trocknet daher langsamer.

3 Mit rosafarbener Schnur und Masking Tape hängst du deine Möhrengirlande jetzt an deinen Wunschplatz. Die knalligen Möhren hängst du mit Miniwäscheklammern an die Leine. Vielleicht gesellen sich ja noch ein paar Kuschelhasen dazu?

Material

- 9 Deko-Möhren, je 12 cm lang
- Acrylfarbe nach Wunsch
- Bleistift mit Radiergummi
- Mini-Wäscheklammern, 3 cm lang
- Schnur in Rosa, 70 cm lang
- Masking Tape nach Wunsch

Küken-karren

Auf die Plätze, fertig .... auf zum großen Hennenrennen!

1 Stelle aus der gelben Wolle zwei Pompons her (siehe dazu Seite 7). Klebe dann die beiden Pompons mit Bastelkleber aneinander. Aus schwarzem Filz schneidest du Augen, aus pinkfarbenem Filz einen Schnabel aus. Klebe beides an den Kopf des Kükens.

2 Schneide aus grünem Filz zwei Hutteile nach Vorlage zurecht und nähe sie mit der Hand zusammen. Als Deko bekommt der Hut noch einen Streifen Webband und eine Schleife aus Satinband angeklebt.

3 Für die Füße steckst du ein 20 cm langes Stück Chenilledraht von unten durch den Bauch des Kükens und fädelst es dicht daneben wieder durch den Bauch zurück. Schneide zwei 6 cm lange Stücke Draht zurecht und verzwirble je ein Stück mit einem Ende vom Hühnerdraht. Jetzt hat das Küken standfeste Füße.

4 Für den Wagen malst du ein halbes Papp-Ei innen und außen mit rosafarbener Acrylfarbe an, die Holzräder werden hellblau. Stich zwei Löcher durch den hinteren, bauchigen Teil des Eis und stecke einen Schaschlikspieß hindurch. Kürze ihn auf die passende Länge und klebe die Holzräder an die Enden. Zwei weitere Schaschlikspieße werden mit Heißkleber über die Räder an den Rand des Eis geklebt. Eine Schleife aus Satinband verdeckt die Klebestelle.

5 Jetzt musst du dem Küken nur noch die Schaschlikspieße an die Seiten kleben, das Ei mit Ostergras und Eiern befüllen und schon geht's zum Kükenrennen.

Material

- Pompons aus sonnengelber Wolle, ø 5 cm und ø 8 cm
- Bastelfilz in Grün, Schwarz und Pink
- Chenilledraht in Gelb, 20 cm lang
- 3 Schaschlikspieße
- 2 Holzräder mit Gummireifen, ø 43 mm
- Acrylfarbe in Rosa und Hellblau
- Satinband in Pink, 20 cm lang
- Webband mit Blumenmuster in Pink, 15 cm lang
- Papp-Ei-Hälfte
- Nähnadel
- Nähgarn
- Bastelkleber
- Heißkleber

Vorlage Seite 149

Tipp

Bastle dir auf die gleiche Weise noch ein paar weitere Kükenkinder. Statt des Hutes kannst du ihnen z. B. ein Schleifchen ins Haar binden!

Pesto zum Muttertag

Hier kommt ein ganz besonderes Muttertagsgeschenk, selbst gemachtes Basilikumpesto!

Zutaten

für 2 Gläser (je 150 ml)
• 1 Topf frisches Basilikum
• 50 g Pinienkerne
• 1 Knoblauchzehe
• 1 TL Salz
• 200 ml Olivenöl
• 5 EL geriebener Parmesan

1 Für dieses schöne Küchengeschenk röstest du zuerst die Pinienkerne in einer beschichteten Pfanne an, bis sie goldgelb sind. Lass sie danach abkühlen.

2 Zupfe die Basilikumblätter ab und gib sie in einen hohen Rührbecher. Füge Öl, Salz, geriebenen Parmesan und Pinienkerne hinzu. Schäle die Knoblauchzehe und drücke sie durch eine Knoblauchpresse ebenfalls in den Rührbecher.

3 Jetzt werden alle Zutaten mit dem Pürierstab zerkleinert, bis eine breiige, grüne Soße entsteht. Fülle sie in zwei Gläser und verschließe diese mit dem Schraubverschluss. Jetzt kannst du noch ein paar Nudeln dazu packen und fertig ist dein Muttertagsgeschenk. Dein kleiner Gruß aus der Küche hält sich im Kühlschrank bis zu zwei Wochen.

Trüffelchen für Mama

Wenn deine Mama Schokolade liebt, sind diese kleinen Genussbällchen das perfekte Muttertagsgeschenk!

Zutaten

- 200 g Nougatschokolade
- 50 g Zartbitterschokolade
- 120 ml Sahne
- 1 EL Butter
- 100 g gemahlene Haselnusskerne

1 Zuerst zerkleinerst du die Schokolade vorsichtig mit einem Messer auf einem Schneidebrett, dann schmilzt du sie langsam über einem Wasserbad oder in der Mikrowelle (siehe Seite 11).

2 Nimm die Schüssel mit der geschmolzenen Schokolade aus dem Wasserbad heraus und rühre noch Sahne und einen Löffel Butter unter.

3 Diese Trüffelmasse sollte nun bei Zimmertemperatur abkühlen. Stich mit einem Teelöffel walnussgroße Stücke ab. Forme sie mit den Händen zu Kugeln, die du dann in den gemahlenen Haselnusskernen wälzt. Jetzt sind die Nougat-Trüffelchen fertig zum Probieren.

Tipp

Wickle jeden Trüffel einzeln in ein Stückchen Alufolie ein und verziere ihn dann mit einem Aufkleber oder Glanzbild. So verwandeln sich die süßen Kugeln in ein echtes Stargeschenk!

Regenwurmhotel

Zimmer Frei!

SOMMER

Blütenpracht

Im Sommer dürfen prächtige Blumen auf dem Balkon oder im Garten nicht fehlen. Also nichts wie ran die Blumentöpfe!

1 Für diese schicken Pflanztöpfe brauchst du zuerst ein paar leere Konservendosen. Entferne die Papieretiketten und spüle die Dosen gründlich aus. Streiche jede mit Acryllack an und lass die Farbe gut trocknen. Wenn die Farbe nicht so gut deckt, streichst du die Dose ein zweites Mal.

2 Verziere deinen Pflanztopf mit Streifen, indem du ihn in der Hand hältst und mit dem Pinsel einmal ringsherum fährst. Oder du tupfst Punkte auf. Dafür tunkst du den Radiergummi eines Bleistifts in Farbe und stempelst damit Punkte auf den Topf.

Material

- Zinien
- Blumenerde
- leere Konservendosen
- Kabelbinder
- Acryllack in Orange, Gelb, Türkis, Pink, Rosa und Blau
- Kastanienbohrer
- Bleistift mit Radiergummi

3 Ein Erwachsener bohrt für dich mit dem Kastanienbohrer Löcher in den Boden, damit das Gießwasser ablaufen kann. Dann bohrt ihr mittig zwischen Ober- und Unterkante der Dose zwei weitere Löcher nebeneinander im Abstand von ca. 5 cm. Jetzt fädelst du den langen Kabelbinder von außen durch eines der beiden Löcher hinein und durch das andere Loch wieder heraus.

4 Zum Bepflanzen gibst du zunächst eine ca. 5 cm hohe Schicht Erde auf den Boden der Dose. Dann nimmst du die Blumen aus dem Blumentopf, stellst sie in die Dose und füllst rundherum Erde auf. Den Kabelbinder legst du mit den Enden einmal um einen Pfosten, Zaunpfahl oder das Balkongitter und ziehst ihn fest.

Gießkanne

Damit deine Blümchen die Sommerhitze überstehen, brauchen sie Wasser. Hier kommt die Ruck-Zuck-Brause aus der Plastikflasche.

Material

- leere Waschmittel-Plastikflasche in Weiß, 1,5 l
- Masking Tape nach Wunsch
- transparentes Paketklebeband
- Prickelnadel
- Kastanienbohrer

1 Zuerst säuberst du die Plastikflasche innen und außen. Spüle sie gründlich aus, damit keine Waschmittelrückstände mehr darin sind. Das Etikett der Flasche kannst du beim Spülen einweichen und entfernen.

2 In den Deckel der Flasche stichst du mit einer Prickelnadel Löcher. Willst du, dass viel Wasser aus deiner Gießkanne herauskommt, bohrt ein Erwachsener für dich weitere Löcher mit dem Kastanienbohrer in den Deckel hinein.

3 Klebe nun bunte Masking Tape-Streifen jeweils einmal um den Bauch der Flasche herum. Über die Streifen klebst du einen breiten Streifen durchsichtiges Paketklebeband. Nun kann die Flasche rundherum nass werden, ohne dass die Verzierung darunter leidet.

4 Fülle Wasser in deine Gießkanne und schraube den löchrigen Plastikdeckel wieder darauf. Jetzt kannst du losziehen und deine Pflanzen wässern.

Nasse Geschosse

Die Sonne brennt? Du brauchst dringend eine Abkühlung? Dann ist es Zeit für eine Schwammbombenattacke!

Material

- Schwammtücher
- Wischtücher
- Kordel, 1 m lang
- Schere
- Astgabel
- Acryllack in Weiß
- Gummibänder in Grün, ø 6,5 cm
- Ösenzange
- Ösen, ø 0,4 cm
- Masking Tape in Orange, Gelb, Grün, Pink und Hellpink

1 Schneide die Schwamm- und Wischtücher mit einer Schere in der Mitte durch und schneide daraus ungefähr gleich breite Streifen zu (ca. 1,5 cm breit und 10 cm lang). Orientiere dich beim Schneiden am Muster der Tücher, dann geht es leichter.

2 Die fertigen Streifen stapelst du übereinander und umwickelst sie mit einem ca. 30 cm langen Stück Kordel. Ziehe die Kordel an den Enden fest zusammen und mache einen Knoten hinein. Überreste schneidest du ab. Jetzt lassen sich die Schwamm-Streifen auffächern, sodass eine Art Ball entsteht. Fertig ist deine Schwammbombe.

3 Zum Abfeuern brauchst du eine Fletsche. Streiche dazu eine passende Astgabel mit weißem Acryllack an. Nach dem Trocknen verzierst du sie mit Masking Tape.

4 In ein Stück Wischtuch (1,5 cm breit und 10 cm lang) drückst du mit einer Ösenzange in jedes Ende eine Öse hinein. Ziehe je ein Gummiband durch jede Öse und verknote es. Dann ziehst du beide Gummibänder um die Astgabelspitzen. Und jetzt laden nicht vergessen! Bombe in Wasser tunken, bis sie sich schön vollgesaugt hat, Ziel aussuchen, Schwammbombe einspannen und Attacke!

Seifen-Krabbelei

So macht Händewaschen richtig Spaß! Denn wenn du die Seife oft und gründlich benutzt, kommt eines Tages sogar noch was zum Spielen aus der Seife gekrabbelt!

1 Zuerst erhitzt du die Gießseife im Wasserbad (siehe auch Seite 11). Das Wasser darf nicht kochen, sondern sollte nur heiß sein. Lass dir am besten beim Erhitzen helfen!

2 Jetzt rührst du Seifenfarbe und, wenn du möchtest, auch Seifenduft unter deine flüssige Masse.

3 Lege die Plastikfiguren so in die Muffinform, dass der Bauch bzw. die Rückseite zu dir zeigt.

4 Gieße die Förmchen vorsichtig mit der Seifenmasse aus und lass sie erkalten. Achte darauf, dass keine Bläschen entstehen, zur Not kannst du sie mit einem Zahnstocher zum Platzen bringen.

Material

- Gießseife
- Plastikspielzeug
- kleine Muffinformen
- Seifenfarbe in Rot
- Seifenduft
- ggf. Zahnstocher

Tipp

Statt Käfer und Co. kannst du natürlich auch andere Plastiktiere oder witzige Figuren in Seife gießen. Deiner Fantasie sind keine Grenzen gesetzt!

Schiff ahoi!

Alle Mann an Deck, Segel setzen und auf zu wilden Abenteuern!

1 Schneide aus dem weißen Fotokarton der Vorlage nach zwei Dreiecke aus. Klebe vorne auf das Dreieck ein Stück Stoff und hinten ein Schaschlikstäbchen auf.

2 Schneide den Eierkarton in der Mitte durch und stecke den Mast mit Segel in eine der Spitzen des Eierkartons.

3 Aus Geschenkpapierresten schneidest du Dreiecke von 3 cm x 3 cm x 3 cm aus (siehe Vorlage) und klebst sie auf den Wollfaden, sodass eine Wimpelkette entsteht. Befestige das eine Ende der Wimpelkette an der Mastspitze und das andere am Eierkarton.

Material

- 10er-Eierkarton
- 6er-Eierkarton
- 2 Schaschlikstäbchen, ø 0,3 cm, 20 cm lang
- Fotokarton in Weiß, A4
- bunte Stoffreste, je 20 cm x 20 cm
- bunte Geschenkpapierreste
- Wollfaden in Blau, 1 m lang
- UHU Alleskleber
- Schere

Vorlage Seite 149

Tipp

Falls du lieber wildere Schiffe magst, kannst du auch einfach einen Totenkopf auf die Flagge malen und mit einer Piratenmannschaft in See stechen!

Bullauge

Hänge dieses Bullauge an eine Wand in deinem Zimmer und du bist im Nu Kapitän Nemo auf Tiefsee-Expedition!

1 Pappteller Nummer eins malst du auf der Innenseite mit blauer Acrylfarbe an. Bei Pappteller Nummer zwei malst du die Außenseite mit hellblauer Acrylfarbe an.

2 Aus Geschenkpapierresten schneidest du jeweils Flossen für deine Fische zurecht. Lege sie so auf den dunkelblauen Teller, dass sie zusammen mit einem Getränkeverschluss einen Fisch ergeben. Klebe alles am Teller fest.

3 Aus grünem Klebeband schneidest du ein paar Wassergräser aus und klebst sie auf. Drei Pailletten klebst du als Luftbläschen zu jedem Fisch, die Wackelaugen kommen auf die Getränkeverschlüsse.

4 Jetzt ist der hellblaue Teller dran: Schneide aus seiner Mitte einen Kreis mit dem Durchmesser von ca. 16–17 cm aus. Aus der Overheadfolie schneidest du einen Kreis mit ca. 18–19 cm Durchmesser aus.

Material

- 2 Pappteller, ø 23 cm
- 3 Schraubverschlüsse aus Plastik
- Geschenkpapierreste
- Acrylfarbe in Hellblau und Dunkelblau
- Pinsel
- 3 Wackelaugen, ø 0,5 cm
- 9 Pailletten in Silber
- 8 Glasnuggets, ungeschliffen, ø 2 cm
- Overheadfolie, 20 cm x 20 cm
- doppelseitiges Klebeband, 0,7 cm breit
- Klebeband in Grün, 10 mm breit
- UHU Alleskleber
- Klarlack

Schmetterlings-tüten

Diesen Flattermännern kann niemand widerstehen.
Ein sommerliches Mitbringsel für Groß und Klein.

1 Beklebe Vorder- und Rückseite der Wäscheklammern mit Masking Tape. Die Wattekugeln bekommen mit Acrylfarbe Schmetterlingsgesichter verpasst. Lass die Farbe gut trocknen.

2 Für die Fühler schneidest du je zwei ca. 4 cm lange Stücke Chenilledraht zurecht. An das eine Ende der Drähte klebst du jeweils einen Pompon. Stich mit einer Nadel zwei Löcher für die Fühler in den Schmetterlingskopf und stecke die Drahtenden in diese vorgebohrten Löcher.

Material

- Klarsichtbeutel ohne eingearbeiteten Boden, 11 cm x 19 cm
- Holz-Wäscheklammern
- Masking Tape nach Wunsch
- Wattekugeln, ø 2,5 cm
- Chenilledraht in Gelb, Hellblau und Pink
- Pompons in Pink, Grün und Gelb, ø 1 cm
- Acrylfarbe in Gelb, Rosa, Pink, Rot, Weiß und Schwarz
- Nadel
- UHU Alleskleber
- Klebefilm
- Süßigkeiten zum Befüllen

3 Jetzt füllst du die Klarsichtbeutel zu einem Drittel mit Süßigkeiten. Schneide ein Drittel vom oberen Tütenrand ab, klappe die Tüte nach hinten um, sodass die Ränder aufeinanderliegen und klebe sie mit Klebefilm am Boden der Tüte fest.

4 Schiebe die Süßigkeiten in der Tütenmitte ein bisschen auseinander und forme zwei Schmetterlingsflügel. Dann schiebst du die Wäscheklammer in die Mitte der Tüte. Schneide die Wattekugel an der Unterseite etwas auf und klebe sie als Kopf auf die vordere Wäscheklammerspitze.

Kaugummi-Halsketten

Multitalent! Diese Kette lässt dich nicht nur schick aussehen, du kannst sie auch noch vernaschen.

Material

- Kaugummikugeln in verschiedenen Farben
- Nähnadel mit breitem Nadelöhr
- Satinband in Pink, 0,6 cm breit
- Filz- und Häkelblumen
- UHU Alleskleber
- Prickelnadel

1 Stich in jede Kaugummikugel mit einer Prickelnadel ein Loch. Dann legst du die Kugeln in der von dir gewünschten farblichen Reihenfolge vor dich hin.

2 Schneide ein ca. 50 cm langes Stück Satinband zu und fädle es durch das Nadelöhr deiner Nadel. 15 cm vor dem Ende des Satinbands machst du einen Knoten.

3 Stich nun mit der Nadel durch die erste Kaugummikugel und schiebe sie das Satinband entlang. Mache direkt hinter der Kugel einen Knoten in das Band.

4 Weiter geht es mit der nächsten Kugel: Fädle sie auf und mache einen Knoten in das Satinband. In dieser Reihenfolge (Kugel, Knoten, Kugel, Knoten etc.) arbeitest du weiter, bis du alle Kugeln aufgereiht hast.

5 Dann entfernst du die Nadel aus dem Band und verknotest beide Enden des Satinbands miteinander. Klebe noch mit Alleskleber hübsche Deko-Blümchen an deine Kette.

Monsterschleim

Du hast Ferien und es regnet Bindfäden? Dann hast du vielleicht Lust eine Runde rumzuschleimen ...

1 Für dieses ultimative Schleimrezept rührst du zwei Tassen Speisestärke zusammen mit einer Tasse Wasser in einer Schüssel an. Für ein wenig monstermäßige Farbenpracht kannst du rote oder blaue Lebensmittelfarbe darunter rühren.

2 Besonders schön zur Geltung kommt der Monsterschleim in lustigen selbst gebastelten Monstergläsern. Klebe dazu auf ein Glas mit Schraubdeckel ein paar Wackelaugen und schneide aus Masking Tape einen Mund und Bäckchen zurecht.

3 Für die Frisur bastelst du je einen Pompon. Dafür zeichnest du zuerst zwei gleich große Kreise (ø ca. 12 cm) auf feste Pappe und schneidest sie aus. Dann zeichnest du ins innere der Pappscheiben jeweils einen Kreis von 4 cm Durchmesser und schneidest die innere Fläche aus.

4 Lege die Scheiben aufeinander und umwickle sie mit Wolle, bis das innere Loch vollständig ausgefüllt ist. Dann werden die Wollfäden entlang der Außenkante der Pappringe aufgeschnitten. Lege einen Wollfaden zwischen die Ringe, um die Wollfäden zusammenzubinden und verknote ihn gut. Fertig ist die Monsterfrisur, die du mit Heiß- oder Alleskleber auf dem Glasdeckel befestigen kannst.

Material

- 2 Tassen Speisestärke
- Lebensmittelfarbe in Rot und Blau
- 2 Gläser mit Schraubdeckel
- 2 Wackelaugen, ø 1,5 cm
- 2 Wackelaugen ø 2 cm
- Wolle in Pink und Hellblau
- Masking Tape in Pink und Orange
- Filzreste

Lustige Ferienidee

Material

- je 2 Styropor®-Kugeln in verschiedenen Größen (ø 3 cm – 8 cm)
- Acrylfarbe in Blau, Grün, Rot, Gelb und Schwarz
- bunte Plastikschraubdeckel
- Cutter mit Schneideunterlage
- UHU Patafix
- UHU Alleskleber

Wer sagt denn, dass man im Urlaub immer nur Sehenswürdigkeiten knipsen muss? Probiere mal diese lustige Fotoidee aus. Wetten, du wirst tierisch viel Spaß haben?

1 Verschönere das Stadtbild und erwecke Mülltonnen, Altpapiercontainer oder Briefkästen zum Leben. Halbiere zunächst unterschiedliche Styropor®-Kugeln mit einem Cutter.

2 Zücke den Pinsel und verwandle die Styropor®-Kugelhälften in anständige Augen. Erst einen Kreis in Rot, Grün, Blau oder Gelb für die Iris, dann ein kleiner schwarzer für die Pupillen. Jetzt klebst du die Augenhälften mit Alleskleber in die leeren Plastikdeckel.

3 Packe die Augen ein und spaziere durch die Gegend. Bestimmt findest du an allen Ecken Gegenstände, die sich dank deiner Augen in ein Gesicht verwandeln lassen. Mit einem kleinen Eckchen UHU Patafix lassen sie sich überall befestigen, ohne irgendeinen Schaden zu hinterlassen.

4 Mache ein paar Schnappschüsse von deinen Kunstwerken und schicke sie als Urlaubsgruß an deine Freunde!

Insektengucker

Mit diesem Käferglas sind neugierige Nasen perfekt für Insekten-Beobachtungstouren gewappnet.

1 Schraube von einem sauberen Glas den Deckel ab und male ihn mit schwarzer Acrylfarbe an.

2 Aus hellgrünem Filz schneidest du einen 6 cm breiten und 30 cm langen Streifen zurecht. Schneide kleine Ecken hinein, sodass eine Art Wiese entsteht. Klebe den Streifen einmal rings um dein Glas herum.

3 Die Oberseite des Deckels beklebst du mit rotem Filz. Dann verschönerst du den roten Filz noch mit schwarzen Punkten und du hast einen Marienkäfer. Schraube den Deckel wieder auf das Glas.

4 Schneide dir aus den Pfeifenputzern zwei 10 cm lange Fühler zurecht und klebe sie vorne mittig auf den Deckelrand. Rechts und links davon klebst du die Wackelaugen auf.

5 Jetzt kannst du auf Beobachtungstour gehen. Aber Vorsicht, gehe immer ganz behutsam mit den Tieren um, die du in dem Glas beobachtest, und lass sie danach direkt wieder frei.

Material

- großes Glas mit Schraubdeckel, 750 g
- 2 Wackelaugen, ø 2 cm
- Pfeifenputzer, ø 0,9 cm
- Bastelfilz in Rot, Hellgrün und Schwarz
- Acrylfarbe in Schwarz
- Pinsel
- UHU Alleskleber

Regenwurmhotel

Wusstest du, was für fleißige Wesen Regenwürmer sind? Sie verwerten Pflanzenreste, sorgen für eine gute Durchlüftung der Erde und erzeugen natürlichen Dünger, nämlich Komposterde.

1 Bedecke den Glasboden zunächst mit einer Steinchen-Schicht. Dann folgt eine Schicht Sand, danach Erde. Zwischendurch kannst du eine Lage Blätter oder Zeitungsschnipsel einstreuen und dann weiter Sand und Erde aufhäufen. Zum Schluss gibst du Gemüse- oder Obstreste als Futter obendrauf.

2 Jetzt gehst du auf Regenwurm-Suche. Du brauchst nicht mehr als zehn Würmer, sonst muss dein Hotel wegen Überfüllung geschlossen werden! Gib sie in dein vorbereitetes Glas, befeuchte das Ganze leicht und decke es mit einem Tuch ab.

3 Regenwürmer mögen kein Sonnenlicht! Wärme übrigens auch nicht, stelle das Glas also am besten an einen schattigen Ort.

4 Alle paar Tage fütterst du die Regenwürmer mit Salatblättern, Möhrenschalen oder Haferflocken. Nach drei Wochen kannst du gut sehen, wie sie das Glas schön umgegraben und Gänge hineingezogen haben. Wenn du das Gefühl hast, genug geforscht zu haben, lass die Regenwürmer auf euren Komposthaufen umziehen.

Material

- Glas, ø 10–15 cm, ca. 25 cm hoch
- Blumenerde
- Blätter oder Zeitungsschnipsel
- Gemüse- und Obstreste (z. B. Möhrenschalen, Apfelschalen, Salatblätter)
- Haferflocken
- Tuch
- kleine Steinchen
- Sand

Käferketten

Was krabbelt denn da um den Hals herum?
Hier kommen schicke Sommerketten für alle Partyfälle!

Material

- Plastikkäfer
- Strohhalme in Pink, Blau, Gelb und Grün
- Holzperlen
- Pompons
- Gummischnur, 1,5 m lang
- 2 Ringschrauben, 0,8 cm x 3 cm
- Holzbohrer
- dicke Nadel

1 Als Erstes bohrst du zusammen mit einem Erwachsenen mit dem Holzbohrer ein Loch vor. Und zwar mittig zwischen die Fühler in den Kopf deines Käfers. Dort schraubst du eine Ringschraube hinein.

2 Schneide ein 80 cm langes Stück Gummischnur ab, mache einen Knoten in ein Ende und fädle das andere Ende in eine Nadel ein.

3 Die Strohhalme schneidest du in jeweils 15 mm–25 mm lange Stücke. Dann legst du dir Perlen, Pompons und Strohhalmstücke in der gewünschten Reihenfolge zurecht und fädelst sie mithilfe der Nadel auf die Gummischnur auf.

4 Auf die Mitte der Schnur, ca. nach der Hälfte der Perlen, Pompons und Strohhalmstücke, fädelst du den Käfer auf. Danach folgen die restlichen Perlen, Pompons und Strohhalmstücke. Nun musst du nur noch die beiden Schnurenden miteinander verknoten und schon kannst du dein Schmuckstück tragen.

Gartenzwergbande

Diese frechen Zwerge fühlen sich am wohlsten in einem hübschen Blumenbeet oder in einem Pflanzenkübel.

1 Rühre zunächst den Modellgips an. Achte dabei auf die Herstellerangaben auf der Packung. Du brauchst ca. 250 g. Jetzt stellst du die drei Klorollen aufrecht hin und befüllst sie in unterschiedlichen Höhen mit Gips.

2 Die Papp-Spitzbecher (gibt es oft in Kaufhäusern an Wasserspendern) stellst du mit der Spitze in ein schmales Gefäß, z. B. in ein Trinkglas, sodass sie festen Halt haben. Dann füllst du sie zu ca. 6,5 cm mit Gips. Lass deine Gipsteile über Nacht trocknen. Dann kannst du sie nacheinander aus den Formen herausnehmen.

Material

- 3 leere Klorollen
- 3 Papp-Spitzbecher
- Modellgips
- Acrylfarbe in Rot, Rosa, Weiß, Türkis, Pink, Gelb, Hellblau, Grün und Schwarz
- Klarlack
- Pinsel
- UHU Alleskleber Kraft

3 Den Zipfel bemalst du mit knallroter Farbe, wie es sich für einen richtigen Gartenzwerg gehört. Dann kümmerst du dich um den unteren Teil. Male zuerst die ganze Rolle in einer Farbe an, lass die Farbe gut trocknen und male dann die Details auf.

4 Jetzt klebst du Zipfel und Zwerg mit Kraftkleber zusammen und bestreichst deine drei Zwerge zum Schluss mit Klarlack, damit sie auch bei Regen eine gute Figur im Beet machen.

Flauschige Insekten

Natürlich sehen Blumen wunderschön aus. Aber mit diesen bunten Krabblern werden deine Blumenbeete oder Kübel zu wahren Hinguckern!

Material

- Riesenpompons in Pink, Türkis, Grün, Gelb und Orange, ø 0,5 cm
- Pompons in Pink, Türkis, Grün, Gelb und Orange, ø 2,5 cm
- Wackelaugen, ø 2 cm und 1 cm
- Pfeifenputzer
- Schaschlikspieße
- UHU Alleskleber

1 Klebe drei gleich große, verschiedenfarbige Pompons aneinander. Du kannst die Käfer aus großen oder kleinen Pompons anfertigen – ganz wie es dir gefällt.

2 Jetzt klebst du vorne auf den ersten Pompon zwei Wackelaugen nebeneinander. Auf die großen Pompons kommen die Augen mit 20 mm Durchmesser und auf die kleineren die mit 10 mm Durchmesser.

3 Aus Pfeifenputzern schneidest du sechs 5 cm lange Stücke zurecht und biegst sie jeweils an einem Ende um. Das sind die Käferbeine, klebe sie an Ort und Stelle.

4 Dann brauchst du ein 15 cm langes und ein 30 cm langes Stück Pfeifenputzer. Das 15 cm lange Stück knickst du in der Mitte – das sind die Fühler des Käfers. Klebe sie von hinten an den vorderen Pompon.

5 Verzwirble die Enden des 30 cm langen Stücks Draht miteinander, sodass ein Kreis entsteht. Dann verdrehst du den Kreis in der Mitte so, dass eine 8 entsteht – das sind die Flügel deines Käfers. Klebe sie zwischen den mittleren und den hinteren Pompon.

6 Stecke noch einen Schaschlikspieß durch den mittleren Pompon und du kannst den fertigen Käfer in dein Beet stecken.

Mini-Garten

Dieser Mini-Garten kann zu jeder Jahreszeit gepflanzt werden. Und das Beste, er ist ein schickes Zuhause für klitzekleine Spielsachen!

1 Nimm einen sauberen Schraubdeckel und lege feuchtes Küchenpapier hinein. Dann verteilst du die Samen darauf. Kresse- oder Senfsamen funktionieren am besten, da sie schnell keimen und auf feuchtem Küchenpapier raketenmäßig wachsen.

2 Vielleicht willst du eine Stelle frei lassen, damit du später eine kleine Spielfläche hast.

3 Jetzt musst du deinen kleinen Garten nur noch regelmäßig gießen. Schon nach ein bis zwei Tagen keimen die Samen und nach ca. fünf Tagen ist ein kleiner Dschungel für deine Minifiguren entstanden. Die Stängel der Kresse schmecken übrigens auch prima auf deinem Butterbrot, probier's aus!

Material

- Kressesamen
- kleine Figuren aus der Spielzeugkiste
- 4 große Plastikschraubdeckel, ø ca. 10 cm
- Küchenpapier

Tipp

Das Ganze funktioniert auch mit anderen Samen und Sprossen, wie z. B. Senfsamen, Alfalfa, Radieschen, Rote Beete oder Kichererbsen.

Essbare Blüten

Wusstest du, dass es einige Blumen gibt, die tatsächlich essbar sind? Das Tolle daran ist, dass sie nicht nur hübsch aussehen, sondern auch noch lecker schmecken und gesund sind!

1 Das Wichtigste zuerst: Verwende nur Blüten von ungespritzten Blumen. Bei Pflanzen aus deinem eigenen Garten kannst du sicher sein, dass sie frei von Chemikalien sind. Pflücke sie erst kurz bevor du sie brauchst, denn sie welken schnell und verlieren an Aroma. Wähle nur die Blüten aus, die ganz geöffnet und frisch sind.

2 Spaß macht es, Blüten in Eiswürfeln einzufrieren. Ernte schöne essbare Blütenblätter aus deinem Gärtchen und lege sie in einen Eiswürfelbehälter. Gib etwas Wasser und vielleicht noch ein paar rote Johannisbeeren hinzu, dann ab damit ins Gefrierfach. Überrasche deine Freunde mit einem kühlen Sommergetränk!

3 Manche Blumen schmecken sehr intensiv, andere hingegen haben wenig Eigengeschmack, sind dafür aber sehr dekorativ auf dem Teller. Am wichtigsten ist es aber zu wissen, welche Blüten essbar sind und welche nicht. Denn nicht alle sind genießbar und einige sind sogar giftig. Also frage im Zweifelsfall immer jemanden, der sich gut mit Pflanzen auskennt.

Zutaten

- Veilchen (mild)
- Gänseblümchen (nussig)
- Schlüsselblumen (mild)
- Ringelblumen (pfeffrig)
- Rosenblüten (mild)
- Kapuzinerkresse (leicht scharf)
- Lavendel (mild)
- Taglilien (mild)
- Borretsch (schmeckt wie Gurke)
- Zucchiniblüten (mild)

Picknick-Knaller

Du willst der Star des Sommerpicknicks werden?
Dann probier' mal diese herzhaften Muffins mit Käse,
Salami und Nüssen aus!

1 Heize den Ofen auf 175 °C vor. Inzwischen füllst du ein Muffinblech
mit Papierförmchen.

2 In einer großen Rührschüssel vermischst du Mehl, Backpulver und
Salz. Dann kommen nacheinander Eier, Olivenöl und Joghurt dazu.
Verrühre alles mit dem Schneebesen deines Rührgeräts.

3 Die Tomaten würfelst du, die Minisalami schneidest du in kleine
Stücke und die Nüsse hackst du mit dem Messer klein. Dann gibst
du diese Zutaten zusammen mit dem geriebenen Käse zum Teig dazu
und rührst wieder um.

4 Befülle deine Muffinform mit dem Teig und schiebe das Blech für ca.
20 Minuten in den Backofen, bis die Muffins schön goldbraun aussehen.
Nimm sie vorsichtig mit Backhandschuhen aus dem Ofen und lass sie abkühlen.

Zutaten

für ca. 15 Muffins
- 300 g Mehl
- 2 Päckchen Backpulver
- 1 TL Salz
- 3 Eier
- 100 ml Olivenöl
- 150 ml Joghurt
- 200 g geriebener Emmentaler
- 100 g Minisalami
- 1–2 gewürfelte Tomaten
- 250 g geröstete, gesalzene Nüsse
- Papiermuffinförmchen

Tolles Tüll-Tütü

Träumst du davon einmal wie eine Ballerina in einem Tütü zu tanzen? Dann geht dein Traum jetzt in Erfüllung, denn dieses wehende Tütü ist im Handumdrehen gemacht.

1 Schneide aus rosafarbenem Tüll 70 cm lange und 10 cm breite Streifen zurecht. Davon brauchst du ungefähr 20 Stück.

2 Als Nächstes schneidest du den orangefarbenen Tüll ebenfalls in 70 cm lange Streifen (15 Stück), den pinkfarbenen Tüll schneidest du in 50 cm lange Streifen (15 Stück).

3 Miss mit einem Maßband deinen Bauchumfang und schneide ein Stück Gummiband zurecht, das ca. 10 cm länger ist als dein gemessener Bauchumfang. Verknote die Enden.

4 Um die Tüllstreifen zu befestigen, legst du den Gummibandring um dein Knie. Beginne mit dem rosafarbenen Tüll: Lege einen Streifen so um das Gummiband, dass du zwei gleich lange Enden hast. Knote jetzt den Tüll am Gummiband fest. Nun hängen schon zwei Tüllstreifen an deinem Gummiband herunter.

5 Die pinken und orangefarbenen Streifen befestigst du auf die gleiche Weise am Gummiband und schon hast du ein schickes Tütü, das sich sehen lassen kann.

Material

- Tüll in Rosa, Pink und Orange
- Gummiband, 2 cm breit
- Stoffschere

Stempel-Tasche

Du suchst den perfekten Begleiter für deinen nächsten Stadtbummel? In diese Tasche ziehen deine Einkaufsschätze gerne ein!

1 Halbiere die Kartoffel und tupfe die austretende Stärke mit einem Küchentuch ab. Dann malst du dir deine Wunschmotive auf die Kartoffeln (hier: Kreise und Dreiecke) und ein Erwachsener schneidet sie mit dem Messer für dich ungefähr 0,5 cm tief aus.

2 Von den Textilfarben gibst du ein paar Kleckse auf einen Pappteller und streichst sie dann mit einem Pinsel auf deinen Kartoffelstempel. Mache zuerst einen Testabdruck auf einem Stück Papier. Gefällt er dir, kannst du mit dem Bedrucken deiner Stofftasche beginnen. Vorher legst du noch einen Karton in die Tasche, damit die Farbe nicht durchdrückt.

3 Drücke den Stempel an der gewünschten Stelle fest auf und versuche, nicht zu wackeln! Lass alles gut trocknen.

4 Gefällt dir dein Meisterwerk, solltest du es haltbar machen. Dafür legst du ein Küchentuch auf die Tasche und ein Erwachsener bügelt für dich über deine Stempelkunst.

Material

- dicke Kartoffeln
- scharfes Messerchen
- Stoffbeutel in Weiß
- Stück Pappe
- Textilfarbe in Pink, Türkis, Gelb und Hellgrün
- Pinsel
- evtl. Plätzchenausstecher
- Küchentuch
- Bügeleisen
- Karton, A4
- Pappteller

Blumenbrosche

Im Kleiderschrank herrscht mal wieder Langeweile? Dann brauchst du diese Blumenbrosche, damit wird jedes Kleidungsstück ein Hit!

1 Zuerst schneidest du dir von jeder Farbe einen 20 cm breiten und 25 cm langen Streifen Krepppapier zurecht und faltest ihn wie eine Ziehharmonika. In der Mitte hält eine Büroklammer jedes deiner Papierbündel zusammen.

2 Lege dir die Bündel in eine Reihenfolge deiner Wahl zurecht und fange an, sie zu kürzen. Ein Bündel bleibt wie es ist, vom nächsten schneidest du 1 cm ab, wieder vom nächsten 2 cm usw. bis alle eine unterschiedliche Länge haben. Beginne mit der äußeren Farbe und schneide von der nachfolgenden Farbe 1 cm, von der darunter 2 cm usw. ab, bis alle eine unterschiedliche Länge haben.

3 Schneide mit einer Schere die Enden deiner Papierbündel zu einer Rundung. Danach schneidest du jedes Bündel entlang der Faltlinien bis zur Büroklammer ein und zwar von allen vier Seiten.

4 Jetzt faltest du alle Papierbündel wieder auseinander. Das größte Papierstück kommt nach unten, die anderen der Größe nach sortiert darüber. Falte alle wieder wie eine Ziehharmonika zusammen.

5 Um die Mitte bindest du ein 20 cm langes Stück Blumendraht und verdrehst die Drahtenden so miteinander, dass das Papierbündel nicht mehr verrutschen kann.

6 Nun kannst du die einzelnen Lagen nach oben falten. Beginne mit der Mitte und arbeite dich dann nach außen vor.

7 Nähe mit Nadel und Faden eine Broschennadel auf die Rückseite der Blume. Nun kannst du langweilige T-Shirts, Pullover oder Blusen aufhübschen!

Material

- Krepppapier in Gelb, Pink, Rot, Orange, Hellgrün und Dunkelgrün
- 7 Büroklammern
- Blumendraht, ø 0,35 mm, ca. 20 cm lang
- Broschennadel, 3 cm lang
- Nadel und Faden
- Schere

Nudeln mit Zitronensoße

Wer sagt denn, dass es immer Spaghetti mit Tomatensoße geben muss? An tollen Sommertagen ist diese Zitronensoße ein echter Knaller!

1 Halbiere die Zitrone und presse sie aus. Dann lässt du die Sahne bei kleiner Hitze langsam aufkochen. Gib nach und nach unter Rühren den Zitronensaft dazu. Dann stellst du die Soße beiseite.

2 In einem anderen Topf bereitest du die Spaghetti in reichlich Salzwasser zu, bis sie bissfest sind. Schütte sie in einem Sieb ab.

3 Trenne die Eier, denn für dieses Rezept brauchst du nur das Eigelb (siehe dazu auch Seite 11). Rühre es unter die etwas abgekühlte Zitronensahne und erhitze die Soße nochmals, bis sie schön cremig ist. Rühren nicht vergessen. Dann zupfst du die Basilikumblätter ab und rührst sie ebenfalls unter.

4 Zum Schluss reibst du den Parmesan auf einer feinen Reibe und streust ihn über dein sommerlich-frisches Nudelgericht!

Zutaten

für 4 Personen
- 500 g Spaghetti
- 1 große unbehandelte Zitrone
- 200 g Schlagsahne
- 2 Eigelb
- 1 Bund Basilikum
- 4 EL Parmesan
- Prise Salz
- etwas Pfeffer

Tipp

Für Tischkärtchen bemalst du Plastiktiere mit Acryllack. Trocknen lassen. Wickle ein 10 cm langes Stück Draht zweimal um einen Bleistift und verzwirble die Enden. Mache mit einer Prickelnadel ein Loch mittig auf die Oberseite der Tiere und stecke das Drahtende hinein. Schreibe Namen auf Zettel und stecke sie zwischen die Drahtkreise.

OLIVIA

Fröhliche Früchtchen

Ein grandioser Obstsnack mit Nuss-Nougat-Dip für Gartenparty, Kindergeburtstag oder einfach nur so.

Zutaten

für 4 Personen
- 1 Banane
- 6 Erdbeeren
- Mango
- Ananas
- 2 Kiwis
- Handvoll Weintrauben
- Handvoll Blaubeeren
- 4 EL Nuss-Nougat-Creme
- Zahnstocher
- Wackelaugen
- UHU Patafix

1 Zuerst kümmerst du dich um das Obst. Banane, Kiwi, Mango und Ananas werden geschält und in kleine Stücke geschnitten. Weintrauben, Heidelbeeren und Erdbeeren wäschst du gründlich. Von den Erdbeeren zupfst du evtl. noch das Grün ab. Dekoriere alles schön auf einem Teller.

2 Jetzt kommen die Augen-Piker. Nimm einen Zahnstocher und befestige ein Wackelauge mit einer kleinen Kugel Patafix an der Spitze. Dann kannst du das andere Ende in ein Obststück hineinstechen.

3 Für den ultimativen Dip erhitzt du 4 EL Nuss-Nougat-Creme ca. 30 Sekunden in der Mikrowelle. Dann ist die Creme flüssig genug, um das Obst hineinzudippen.

Tipp

Reinige die Vogeltränke mit heißem Wasser und einer einfachen Bürste, bevor du das Wasser erneuerst.

Vogelplansch-becken

Auch Vögel lieben eine kleine Erfrischung. Da kommt ein Vogelbad wie gerufen. Dieses hier ist kunterbunt und wird aus Tontöpfen gebastelt.

Material

- Tontöpfe, ø 7 cm, 15 cm, 20 cm und 24,5 cm
- Ton-Untersetzer, ø 27 cm
- Acryllack in Rosa, Hellblau,
- Gelb, Hellgrün und Pink
- Kraftkleber

1 Male die Tontöpfe mit Acryllack in verschiedenen Farben an. Lass den ersten Anstrich trocknen und streiche noch ein zweites Mal darüber, damit die Farben gut decken.

2 Auch der große Ton-Untersetzer bekommt einen doppelten Anstrich. Wenn alles gut getrocknet ist, geht es ans Zusammenbauen. Stelle den größten Topf mit der Öffnung nach unten auf den Boden, den Topf mit 20 cm Durchmesser stülpst du darüber und über ihn stülpst du den Topf mit 15 cm Durchmesser.

3 Wenn du sicher gehen willst, dass nichts verrutscht, klebst du die Töpfe mit Kraftkleber zusammen.

4 Oben auf deinen Turm klebst du den Untersetzer. Den kleinsten Tontopf klebst du in die Schale hinein. Im Sommer kannst du Blümchen in den kleinen Tontopf hineinpflanzen und im Winter kannst du ihn mit Vogelfutter befüllen.

5 Jetzt füllst du noch frisches Wasser in die Schale und schon kann der Planschspaß für die Vögel im Garten beginnen! In deiner Vogeltränke werden die Vögel trinken, sich abkühlen und ihr Gefieder pflegen. Deshalb solltest du das Wasser regelmäßig wechseln.

6 Stelle die Vogeltränke in eine offene und übersichtliche Umgebung, in der sich keine Stellen zum Verstecken für Katzen befinden. Nur so können die planschenden Vögel heranschleichende Katzen rechtzeitig entdecken und flüchten.

Monstertöpfe

Werde zum Kräuterfrisör und verpasse Basilikum, Schnittlauch und Co. dufte Frisuren!

1 Male mit schwarzem Permanentmarker runde Pupillen auf die Wattekugeln. Dann steckst du die Kugelaugen auf Schaschlikspieße und diese in deinen Kräutertopf. Oder du klebst große Wackelaugen direkt auf die Schaschlikspieße.

2 Klebe Wackelaugen auch auf Schraubverschlüsse, z. B. von Milchtüten, und diese wiederum auf den Übertopf. Nun hast du schon mal eine ganze Menge Augen.

3 Für den letzten Schliff bekommen deine Monstertöpfe Münder aufgemalt. Zeichne mit dem Permanentmarker lustige oder gruselige Münder oder Zähne auf.

4 Jetzt ist es Zeit für anständige Frisuren – die Kräuter ziehen ein! Petersilie, Schnittlauch, Basilikum, Rosmarin und auch Kresse ergeben lustige Frisuren. Diese kannst du frisch im Supermarkt kaufen.

5 Vergiss nicht, deine Kräuter regelmäßig zu gießen. Ab und zu spielst du den Monsterfriseur, greifst zur Schere und verpasst ihnen einen neuen Haarschnitt und dir frische Kräuter für dein Essen!

Tier-Stecker

Hier kommt ein ganzer Zoo, der nichts lieber tut,
als deine Kräuter zu bewachen!

1 Wasche deine Plastiktiere gut ab und tupfe sie danach gründlich trocken, damit keine Rückstände von Fett und Dreck an ihnen haften, sonst hält die Farbe nicht.

2 Jetzt malst du sie mit Acryllack in knalligen Farben an und lässt die Farbe trocknen. Wahrscheinlich brauchen sie noch einen zweiten Anstrich. Als Nächstes bohrt ein Erwachsener für dich mit dem Kastanienbohrer ein Loch auf der Unterseite in den Bauch der Tiere. Stecke einen Schaschlikspieß in das Loch.

3 Schreibe mit einem Permanentmarker auf die Tiere die Kräuternamen und stecke den Spieß samt Tier in die Erde. So weißt du immer, welches Kraut wo zu finden ist und wirst ein echter Kräuterexperte!

Material

- Plastiktiere, ca. 10–12 cm lang
- Acryllack in Blau, Türkis, Rosa, Hellgrün, Gelb und Orange
- Permanentmarker in Pink
- Kastanienbohrer
- Schaschlikspieße

Feenland

Komm mit in das verwunschene Reich der Feen und Elfen. Lass dich verzaubern von den kleinen Feenhäuschen, die noch ein bisschen nach Waschmittel duften und jedem Sturm standhalten.

1 Zuerst spülst du die Waschmittelflaschen gründlich aus und befreist sie von allen Aufklebern. Dann zeichnest du mit einem Permanentmarker einen Eingang auf die Vorderseite, und wenn du magst ein Fenster auf die Hinterseite der Flasche.

2 Jetzt schneidest du mit einem Cutter sehr vorsichtig die umrandeten Flächen heraus. Lass dir am besten von einem Erwachsenen helfen, denn das ist eine knifflige Angelegenheit.

3 Danach kannst du beginnen, deine Feenhäuschen zu verschönern. Umrande mit Acrylfarbe und Pinsel zunächst Eingang und Fensterrahmen. Dann kannst du die Häuschen mit Gräsern, Blümchen, Fliegenpilzen oder Ranken verzieren.

Material

- 2 leere Waschmittelflaschen
- Filzreste in verschiedenen Farben
- Acrylfarbe in Grün, Rot, Blau und Gelb
- Pinsel
- Satinband, 30 cm lang
- Moos aus dem Bastelbedarf
- Cutter mit Schneideunterlage
- Permanentmarker
- UHU Alleskleber
- UHU Patafix

4 Schneide aus bunten Filzresten Vögelchen, Blüten oder Zweige aus und klebe sie mit Alleskleber auf. Lass deiner Fantasie freien Lauf!

5 Zum Schluss schneidest du aus den Filzresten kleine bunte Dreiecke aus, klebst sie auf einen ca. 30 cm langen Satinband-Streifen und befestigst deine hübsche Wimpelkette an beiden Häuschen mit Patafix. Lege noch kuscheliges Moos in die Häuschen und dann können die kleinen Feen endlich einziehen!

Sahniges Erdbeereis

Superschnelles, supercremiges Eisglück für superheiße Sommertage.

Zutaten

- 200 ml Sahne
- 500 g Erdbeeren
- 50 g Zucker
- Zuckerstreusel
- feste Muffin-Papierförmchen, Ø 5 cm
- Papierstrohhalme in Rosa-Weiß gestreift
- Pürierstab

1 Zuerst schneidest du das Grün von den Erdbeeren ab, dann pürierst du die Früchte mit dem Pürierstab.

2 Gieße die Sahne dazu und anschließend den Zucker. Fertig ist die Eis-Grundmasse. Schütte sie vorsichtig in die Papierförmchen.

3 Für die Eisstiele schneidest du ca. 10 cm lange Stücke von den Papierstrohhalmen ab. Stecke die Stiele dann mittig in die Eisförmchen.

4 Stelle das Ganze für ca. 45 Minuten ins Gefrierfach. Dann kannst du das Eis am Stiel aus der Form herausziehen und es einmal kurz in den Zuckerstreuseln wälzen. Fertig ist dein eiskalter Erdbeertraum.

Tipp

Du kannst natürlich auch Himbeeren oder Bananen für das Eis verwenden oder die Sahne weglassen. Probiere einfach ein bisschen herum und finde heraus, was dir am besten schmeckt.

Eisglück-Köfferchen

Wer würde sich nicht über so ein hübsches Eis-verzierungsköfferchen freuen? Eine tolle Ergänzung zu deinem sahnigen Erdbeereis.

Material

- kleiner Pappkoffer
- Papp-Eisbecher
- Eishörnchen
- Schokolinsen
- Zuckerperlen
- Eisschirmchen
- Plastikeislöffel
- Zellophantüten
- 2 kleine Glasflaschen
- Vanillesoße
- Schokoladensoße

1 Zuerst brauchst du einen kleinen Koffer, in dem Hörnchen, Streusel und Soßen gut Platz finden. Damit das Eisköfferchen besonders hübsch aussieht, füllst du deine Verzierungs-Zückerchen in Zellophantüten und klebst diese hinten mit einem Stück Klebeband zu.

2 In die kleinen Glasflaschen füllst du fertige Schokoladen- oder Vanillesoße. Auch Erdbeer- und Karamellsoße sind bestens geeignet.

3 Wenn du dein Eisglück-Köfferchen fertig gepackt hast, fehlt eigentlich nur noch das Eis. Entweder du schreibst das Erdbeersahneeis-Rezept von Seite 76 auf ein hübsches Papier und legst es mit in das Köfferchen oder du besorgst eine Ladung Eis im Supermarkt.

4 Schnell noch ein Schleifchen um den Koffer binden und schon kann er zu einem Freund oder einer Freundin deiner Wahl wandern und Sommer-glück verbreiten.

Blumiges Schokofondue

Ein Riesen-Partyspaß für kleine Schleckermäuler.
Aufspießen, dippen, genießen.

1 Lass die Sahne in einem Topf kurz aufkochen. Zerkleinere die Schokolade mit einem Messer auf einem Schneidebrettchen, dann wandert sie in den Topf zur Sahne.

2 Rühre das Ganze so lange um, bis sich die Schokolade vollständig in der Sahne aufgelöst hat. Nimm den Topf vom Herd, damit alles gut abkühlt. Jetzt kannst du die Obstspieße vorbereiten.

3 Dafür schnipselst du verschiedene Früchte in mundgerechte Stücke. Für die dekorativen Blumenspieße schneidest du der Vorlage nach aus Fotokarton Blüten und Blätter zurecht.

Zutaten

- 200 g Vollmilchschokolade
- 200 ml Schlagsahne
- Obst nach Geschmack
- Schaschlikspieße
- Fotokarton nach Wunsch
- Schere

Vorlagen Seite 151

4 Dann geht es ans Aufspießen. Zuerst ist das Blatt dran, dann die Blüte. Stich einfach mittig mit dem Schaschlikspieß hindurch. Dann kannst du nach Lust und Laune die Fruchtstücke darüber stapeln.

5 Fülle die Schokoladensoße in eine große Schüssel und dann... lasst es euch schmecken!

Tipp

Für ein echtes Luxusfondue kannst du auch Kekse und Kuchenstückchen in die Schokolade tauchen. Auch weiße Schokolade schmeckt prima. Tüftle einfach ein bisschen herum.

Rosarote Konfettitorte

Rosarotes Tortenglück ganz ohne backen, aber mit einer Extraladung Erdbeeren und Konfetti!

Zutaten

- 150 g Löffelbiskuits
- 125 g Butter
- 200 g Sahne
- 200 g Erdbeeren
- 100 g Frischkäse
- 80 g Zucker
- 6 Blatt Gelatine
- 6 EL bunte Zuckerstreusel
- Küchenreibe
- Springform, ø 25 cm

1 Für den Boden zerbröselst du die Löffelbiskuits. Das geht am schnellsten mit einer Küchenreibe. Dann vermischst du die Brösel mit der weichen Butter und den bunten Zuckerstreuseln und knetest alles gut mit den Händen durch. Verteile diese Masse nun in der Springform, sodass Boden und ein Teil des Randes gleichmäßig bedeckt sind. Drücke alles gut fest.

2 Schlage die Sahne mit einem Handrührgerät sehr steif. Püriere die Erdbeeren zusammen mit dem Zucker und rühre den Frischkäse unter.

3 Die Gelatine weichst du in einer Schale mit Wasser zehn Minuten lang ein. Dann gießt du das Wasser ab und löst die Gelatine bei schwacher Hitze in einem kleinen Kochtopf auf. Füge einen Esslöffel der Erdbeermasse zu der Gelatine, rühre alles gut um und schütte das Gemisch unter den Rest der Erdbeermasse. Dann hebst du noch vorsichtig die Sahne unter.

4 Fülle die Erdbeermasse in die vorbereitete Springform und packe den Kuchen für drei Stunden in den Kühlschrank. Wenn du Lust hast, kannst du deine Konfettitorte am Schluss noch mit ein paar Sahnehäubchen oder Zuckerperlen verzieren.

Unterwasser-gucker

Um Tiere im Teich beobachten zu können, ist dieser Unterwassergucker eine tolle Sache.

1 Lass dir von einem Erwachsenen die obere Hälfte einer Plastikflasche mit einer spitzen Schere abschneiden, du brauchst nur den unteren Teil. Beklebe den Rand des unteren Teils mit Duct Tape. Aber Vorsicht, verwende nicht zu viel, denn du willst ja den vollen Durchblick behalten!

2 Bohre mit der Schere rechts und links unterhalb des Flaschenrands zwei Löcher. Mit einer Nietenzange befestigst du zwei Nieten in den Löchern. Jetzt steckst du die beiden Enden der Wäscheleine in jeweils eine Öffnung und machst einen Knoten in jedes Ende.

3 Fertig ist deine Beobachtungsflasche. Einfach eintauchen, durchs Wasser ziehen, wieder hoch holen und gucken, was du herausgezogen hast. Du wirst staunen, wie viel Leben in so einem Teich ist!

Quadratlatschen XXL

Welcher Riese ist denn hier bloß durch den Sandkasten gestapft?

1 Zuerst trennst du einen alten großen Pappkarton so auf, dass du ihn vor dich auf den Boden legen kannst.

2 Dann zeichnest du mit einem Permanentmarker eine riesige Quadratlatsche oder Dinosaurierfüße darauf. Je nach Lust und Laune bemalst du sie noch hübsch mit Fußnägeln oder Krallen in Größe XXL. Schneide die eine Riesenlatsche aus und lege sie als Vorlage erneut auf die Pappe. Einmal darum herumzeichnen, ausschneiden – umdrehen, da spiegelverkehrt – und schon hast du Riesenlatsche Nummer zwei!

3 Stelle dich mittig auf deine Papp-Quadratlatschen und zeichne deinen Schuh darauf. Damit du dir die Latschen unter deine Schuhe klemmen kannst, brauchst du noch eine kleine Vorrichtung aus Gummi. Stich an der breitesten Stelle zwei Löcher in die aufgezeichnete Linie, fädle ein ca. 30 cm langes Stück Gummiband hindurch und verknote es über deinem Schuh.

4 Wenn du beide Quadratlatschen befestigt hast, kannst du lostrampeln, z.B. durch matschigen Sand oder das frischgejätete Blumenbeet. Die Abdrücke, die du hinterlässt, sehen gigantisch aus und werden ein großes Fragezeichen auf der Stirn deiner Familie hinterlassen.

HERBST

Fliegende Untertasse

1. Schneide von einer Plastikflasche den Verschluss samt Flaschenhals ab. Schraube den Deckel ab und bohre mit der Prickelnadel ein Loch hinein.

2. Klebe nun den Deckel mit Flaschenhals mittig auf die CD und verziere diese mit Dekosternchen.

3. Puste den Luftballon auf, halte ihn zu und stülpe ihn so über den Flaschenhals, dass nur noch das Schraubgewinde herausguckt und staune, was passiert.

Material

- Plastikflasche, 1,5 l
- Luftballon in Blau
- alte CD
- Streusterne in Dunkelblau
- Prickelnadel
- UHU Alleskleber
- Cuttermesser mit Schneideunterlage oder Schere

Tipp

Der Luftdruck vom Ballon lässt die Luft unter die CD strömen und macht eine Art Luftkissen. Deine fliegende Untertasse kann so über den Boden gleiten. Toll, oder?

Hilfe, Außerirdische!

1 Für die Außerirdischen bemalst du die Plastikdruckverschlüsse mit Acrylfarbe. Dann schneidest du 20 cm lange Chenilledrahtstücke zurecht. Stecke die Enden vom Draht in jeweils eine Styropor®-Kugel.

2 Jetzt kannst du Wackelaugen auf die Styropor®-Kugeln aufkleben und dann den Chennilledraht in der Hälfte knicken und in den Flaschenverschluss kleben. Fertig sind die Außerirdischen.

3 Natürlich brauchen sie noch ein Ufo. Dafür klebst du zwei Pappteller mit den Innenseiten zusammen. Darauf kannst du dann einen hübschen Turm aus Plastikschrott (Schüsseln, Joghurtbecher, Plastikeier, Verschlüsse) kleben. Je nachdem, was du zur Hand hast.

4 Bemale dein Ufo und lass es gut trocknen. Auch die Kronkorken kannst du bemalen und dann rund um das Ufo kleben.

Material

- 2 Pappteller
- Plastikschrott, z. B. Schüsseln, Plastikeier, Schraubverschlüsse
- 6 Kronkorken
- Acrylfarbe in Dunkelblau, Hellblau und Pink
- Druckverschlüsse von Spülmittelflaschen
- Wackelaugen, ø 1,2 cm
- 6 Styropor®-Kugeln, ø 1,5 cm
- Chenilledraht in Hellgrün
- UHU Alleskleber
- Cuttermesser mit Unterlage

Tipp

Statt mit einem Ufo können die Außerirdischen auch mit einer Rakete aus Papprollen oder gestapelten Joghurtbechern gelandet sein. Probier' einfach verschiedene Sachen aus!

Wärme-Eule

Bei Kälte, Bauchweh und Kummer aller Art ist sie der Retter in der Not: diese kuschelige Wärmflaschen-Eule.

1 Für dieses Projekt suchst du dir am besten erst mal Unterstützung von jemandem, der gut nähen kann und eine Nähmaschine zur Verfügung hat! Mama, die Nachbarin, eine Tante vielleicht?

2 Fertige dir Vorlagen für den Wärmflaschenbezug an. Dann legst du den Fleecestoff doppelt und schneidest den Eulengrundkörper mit 1 cm Nahtzugabe aus.

3 Aus Filz schneidest du Augen, Flügel, Augenbrauen und die bunten Platten für den Bauch aus. Bis auf den Schnabel brauchst du alle Teile zweimal.

4 Jetzt legst du die beiden linken Seiten des Eulengrundkörpers aufeinander und steckst die Augenbrauen und die Flügel innen fest. Nähe mit der Nähmaschine einmal am Eulenrand entlang, lass nur am Fuß eine Öffnung.

5 Wende den Wärmflaschenbezug auf rechts und beklebe ihn mit Filzaugen, Schnabel und Bauchplatten.

6 Nun musst du nur noch die heiße Wärmflasche durch die Öffnung schieben und schon hast du eine wunderbare Wärme-Eule!

Material

- Wärmflasche
- Fleecestoff in Hellgrün
- Bastelfilz in Rosa, Grün, Pink, Hellblau, Hellgrün, Lila, Orange und Gelb
- UHU Alleskleber oder Textilkleber
- Schere
- Nähmaschine

Vorlage Seite 151

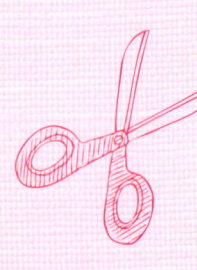

Kakao-Klumpen

Wenn die Abende im Herbst wieder kälter werden, machst du es dir einfach mit einer leckeren heißen Schokolade gemütlich.

1 Die Zartbitterschokolade schmilzt du im Wasserbad (siehe Seite 11) und rührst einen Teelöffel Zimt unter.

2 Die weiße Schokolade wird ebenfalls im Wasserbad erhitzt. Schneide die Vanilleschote längs auf und kratze mit einem Messer das Vanillemark heraus. Dann rührst du es unter die Schokoladenmasse.

3 Die geschmolzene Vollmilchschokolade verfeinerst du mit 2 EL Karamelsirup.

4 Jetzt kannst du die flüssige Schokolade in eine Eiswürfelform gießen und einen kleinen Plastik- oder Holzlöffel hineinstecken. Verziere die verschiedenen Sorten mit Zuckerperlen und lass alles erkalten.

Zutaten

- 150 g Zartbitterschokolade
- 150 g Vollmilchschokolade
- 150 g weiße Schokolade
- Holz- oder Plastiklöffel
- Eiswürfelform
- Vanilleschote
- 1 TL Zimt
- 2 EL Karamelsirup
- Deko-Zuckerstreu

Tipp

Die fertigen Kakaowürfel kannst du wunderbar in heiße Milch tunken. Aber sie schmecken natürlich auch so...

Monsteraugen

Aus leeren Papp-Küchenrollen werden monstermäßige Augen, die deine Eltern oder Geschwister in der Dunkelheit das Fürchten lehren.

1 Zuerst zeichnest du außen auf die Rollen mit Bleistift je ein großes Augenpaar auf. Je weiter entfernt die beiden Augen voneinander stehen, umso größer wirkt das geheimnisvolle Gruseltier später.

2 Schneide entlang der aufgezeichneten Linie die Augen heraus. Dafür bohrst du mit der Scherenspitze ein Anfangsloch in die Rolle hinein und beginnst von dort mit dem Schneiden.

3 Zur Tarnung streichst du deine Augen in verschiedenen Grüntönen mit Acrylfarbe an, so fallen sie in der freien Natur weniger auf. Lass alles gut trocknen. Knicke jetzt jeweils 2–3 Knicklichter einer Farbe (je mehr, desto heller leuchten die Augen) und schiebe sie in deine Rolle. Die Seiten verschließt du mit einem blickdichten Klebeband.

4 Suche dir ein passendes Gebüsch und positioniere deine Augenpaare so, dass sie das Wohnzimmerfenster deiner nichts ahnenden Eltern fixieren. Die werden Augen machen!

Material

- leere Küchenrollen, 26 cm lang
- Knicklichter in Blau, Rot, Gelb und Grün, 20 cm lang
- Bleistift
- Acrylfarbe in verschiedenen Grüntönen
- Klebeband
- spitze Schere

Gruselgrapscher

Arbeitshandschuhe des Schreckens – bestens geeignet für Halloween. Oder um große Schwestern zu ärgern!

1 Bemale die Handschuhe mit brauner Acrylfarbe und lass alles gut trocknen. Dann schneidest du dir für jeden Finger einen passenden Streifen aus dem falschem Fell zurecht und zauberst für jede Hand noch fünf ekelige Venen aus rotem Filz dazu.

2 Zum Aufkleben ziehst du den Handschuh am besten an und klebst dann erst das Fell und dann die Venen auf die mächtigen Finger. Jetzt ist erst mal Geduld angesagt, denn der Kleber muss ordentlich trocknen, damit später alles gut hält.

3 Für die Fingernägel schneidest du aus Tonpapier lange Krallen aus und beklebst sie mit braunen Filzresten. Die Monsterkrallen können ruhig ein bisschen krumm und schief sein. So sieht es echter aus.

4 Jetzt nur noch die Fingernägel mit Alleskleber an die Handschuhspitzen kleben, die Zeit zum Trocknen abwarten – und dann geht's auf die Pirsch!

Material

- alte Arbeitshandschuhe (je größer desto besser)
- Acrylfarbe in Braun
- Bastelfilzreste in Rot und Braun
- Tonpapierreste in Rot
- Plüschfellreste in Hellbraun
- UHU Alleskleber
- Schere
- Pinsel

Lagerfeuer-Hit

Der Herbst eignet sich wunderbar für ein richtiges Lagerfeuer.
Hier kommt das passende Stockbrot-Rezept dazu.

1 Erwärme die Milch in einem Topf auf dem Herd. Gib die Butter dazu und lass sie schmelzen.

2 Verrühre Mehl, Zucker, Salz und Eier in einer großen Plastikschüssel. Die Hefe zerbröselst du darüber und gießt dann das Milch-Butter-Gemisch dazu.

3 Jetzt knetest du das Ganze mit dem Knethaken des Handrührgeräts solange durch, bis der Teig eine glatte Kugelform bekommen hat. Lass den Teig dann für eine halbe Stunde an einem warmen Ort ruhen.

4 Teile den Teig in acht kleine Portionen und rolle aus jeder davon eine Wurst. Wickle einen Streifen Alufolie um die Spitze deines Stocks. Danach wickelst du die Teigwurst um die Stockspitze. Jetzt brauchst du nur noch ein schickes Lagerfeuer und etwas Geduld.

Zutaten

für 8-10 Portionen
- 375 g Mehl
- 20 g Hefe
- 200 ml Milch
- 75 g Butter
- 125 g Zucker
- 2 Eier
- Prise Salz

Tipp

Der Stock fürs Stockbrot sollte ungefähr 1 m lang sein und am Ende spitz zulaufen. Wickle noch Woll- oder Stoffreste um die Griffläche des Stocks. Damit dein Stockbrot gelingt, halte es nicht ins Feuer, sondern mit ca. 30 cm Abstand über die heiße Glut.

Superburger

Ob Übernachtungsparty oder Halloween – deine Freunde werden diese Superburger lieben!

1 Schneide zuerst die Tomaten und die Salatgurke in Scheiben. Den Salat zupfst du in mundgerechte Stücke.

2 In einer großen Schüssel vermischst du Hackfleisch, Ei, Senf und Semmelbrösel miteinander. Würze das Ganze mit Salz und Pfeffer und forme aus der Masse acht gleich große, flache Frikadellen.

3 Jetzt erhitzt du das Öl in der Pfanne und brätst deine Frikadellen darin von jeder Seite 3–4 Minuten an, bis sie knusprig-braun sind.

4 Halbiere die Brötchen und belege die Unterhälfte mit Salat, Tomaten, Gurke und Paprika. Dann kommt die Frikadelle und wenn du magst, auch ein Klecks Ketchup darauf. Zum Schluss legst die obere Hälfte des Brötchens als Deckel oben drauf. Fertig ist dein Superburger!

Zutaten

für 4 Personen
- 400 g gemischtes Hackfleisch
- 1 Ei
- 6 EL Semmelbrösel
- 2 EL Senf
- TL Salz
- TL Pfeffer
- 2 EL Pflanzenöl
- 1 kleiner Romanasalat
- 2 Tomaten
- Salatgurke
- 4 EL Ketchup
- 4 Vollkornbrötchen

Marzipan-Fliegenpilze

Hereinspaziert in die zuckersüße Knetwerkstatt mit Glücksfaktor. Diese Fliegenpilzvariante ist garantiert ungiftig!

1 Teile die Marzipanrohmasse mit einem Messer in kleine Stücke und siebe dann den Puderzucker darüber. Füge noch drei Teelöffel Rosenwasser hinzu. Verknete das Ganze mit deinen Händen so lange, bis sich alle Zutaten zu einer Masse verbunden haben.

2 Stelle die Marzipanmasse für ca. eine halbe Stunde in den Kühlschrank. Und dann ran an die Pilze!

3 Forme mit den Händen Pilze in unterschiedlichen Größen. Dafür rollst du eine Kugel und eine Wurst. Von der Kugel schneidest du ein Drittel oder auch die Hälfte ab und verbindest den Pilzkopf mit der Wurst. Fertig ist dein Pilz.

4 Jetzt stellst du die Marzipanpilze in einer Plastikschale in den Gefrierschrank und wartest wieder eine halbe Stunde. Diese Zeit nutzt du, um die Candy Melts – nach Farben getrennt – im Wasserbad zu schmelzen (siehe dazu Seite 11).

5 Tunke zuerst die Pilzstiele in weiße Schokolade und warte, bis die Schokolade erkaltet ist. Dann stichst du einen Zahnstocher als Stiel von unten in den Pilzstängel, dippst den Pilzkopf in rote Schokolade und streust schnell ein paar Zuckerkügelchen darüber. Bis die Schokolade fest geworden ist, steckst du den Pilz auf ein Stück Styropor®.

Achtung!

Fliegenpilze sind in Wirklichkeit sehr giftig! Nur bei dieser Marzipan-Variante kannst du unbesorgt zubeißen!

Marshmallow-Pralinen

**Rosarotes Zuckerglück mit fester Hülle und weichem Kern –
Augen zu und langsam genießen!**

Zutaten

- Marshmallows
- 200 g Candy Melts in Rosa und Weiß
- verschiedene Zuckerstreusel
- Schaschlikspieße
- Gabel
- Papier-Pralinenförmchen, ø 4 cm
- Styropor®-Platte

1 Zuerst schmilzt du eine Ladung rosafarbene und weiße Candy Melts in der Mikrowelle oder im Wasserbad (siehe Seite 11). Lass die geschmolzene Schokolade gut abkühlen. Sie sollte noch flüssig sein, aber schon Raumtemperatur haben.

2 Stecke jeweils einen Marshmallow auf die Spitze eines Schaschlikspießes und tunke ihn dann in die Schokolade. Schüttle die überschüssige Schokolade ab, indem du mit dem Spieß auf den Schüsselrand klopfst. Dann steckst du den Spieß zum Trocknen in eine Styropor®-Platte.

3 Ist die Schokolade auf allen Marshmallows fest geworden, kannst du die Pralinen vom Spieß nehmen und auf Backpapier legen, denn jetzt geht's ans Verzieren.

4 Bestreiche die Oberfläche deiner Pralinen mit Schokolade und lass Streusel darüber rieseln. Du kannst auch eine Gabel in die Schokolade tauchen und dann über den Pralinen hin- und herwedeln, sodass dünne Streifen entstehen.

5 Zum Schluss legst du jede Praline in ein Pralinenförmchen und suchst dir eine schöne Schachtel. Dann hast du die Qual der Wahl – auffuttern oder verschenken.

Krümelkekse

Diese Kekse schmecken nicht nur kleinen Krümelmonstern. Pass auf, dass sie dir nicht von Papa oder Mama weggefuttert werden!

1 Lass den Backofen auf 150 °C vorheizen und bereite inzwischen zwei Backbleche mit Backpapier vor. Dann lässt du die Butter in einer Schale für ca. 30 Sekunden in der Mikrowelle schmelzen.

2 Zucker, Vanillezucker, Salz und die geschmolzene Butter gibst du in eine Schüssel und rührst das Ganze mit dem Schneebesen deines Rührgeräts schön cremig. Danach rührst du noch ein Ei unter.

3 Mische Mehl und Backpulver und füge beides zu den restlichen Zutaten hinzu. Vermische alles miteinander. Auf einem Brettchen zerhackst du mit einem Messer die Schokolade in grobe Stücke und gibst sie in den Cookie-Teig.

4 Mit einem Esslöffel formst du nun Häufchen aus dem Teig und setzt sie auf ein Backblech. Die Kekse werden beim Backen ganz schön groß, achte auf Abstand zwischen den Teig-Häufchen! Das Blech schiebst du in den heißen Ofen. Auf mittlerer Schiene sollten deine Kekse für ca. 10 Minuten backen.

5 Nach der Backzeit ziehst du dir Backhandschuhe an, holst das Blech aus dem Ofen und ziehst deine Kekse samt Backpapier auf ein Kuchengitter, damit sie auskühlen können.

Zutaten

ergibt ca. 20 Cookies
- 125 g Butter
- 180 g brauner Zucker
- 1 Päckchen Vanillezucker
- 1 Ei
- 200 g Mehl
- 200 g Vollmilch- oder Zartbitterschokolade
- 1 TL Backpulver
- Prise Salz
- Backpapier

Tipp

Für die Krümelmonstertaschen schneidest du einen 10 cm x 20 cm breiten Streifen blaues Tonpapier zurecht und faltest es einmal in der Mitte. Von der linken Seite schneidest du ein Dreieck ab, gibst Kleber auf die obere Innenseite und faltest deine Tasche zusammen. Augen aus Papier aufkleben, fertig.

Samentütchen und Stecker

Damit du auch im nächsten Frühjahr Spaß an schönen Blumen hast, kannst du im Herbst selbst geerntete Samen schön verpacken und dann im kommenden Frühjahr wieder aussäen.

1 Beklebe einfache Papiertüten mit Masking-Tape-Streifen und im Handumdrehen hast du eine schön verzierte Tüte. Du solltest sie in jedem Fall mit den entsprechenden Pflanzennamen beschriften, damit du bei vielen unterschiedlichen Samen nicht durcheinander kommst.

2 Jetzt befüllst du deine Tüte mit Samen, faltest sie zweimal um und klebst sie auf der Rückseite zu. So schön wie dein Tütchen nun aussieht, macht es sich auch prima als kunterbunte Geschenküberraschung!

3 Die Stecker stellst du auf die gleiche Weise her. Beklebe einfach weiße Plastikstecker mit Masking-Tape-Streifen. Dann beschriftest du deine Schilder und klebst einen Streifen durchsichtiges Paketklebeband drumherum, damit deine Schilder auch bei Regen noch gut aussehen. Und jetzt ab mit ihnen ins Beet!

Material

- getrocknete Samen
- Papiertüten
- Masking Tape nach Wunsch
- Plastikgartenschilder
- transparentes Paketklebeband

Tipp

Von Pflanzen, die du im Frühjahr ausgesät hast, kannst du im Herbst Samen ernten. Achte darauf, die Samen so lange wie möglich an der Pflanze ausreifen zu lassen. Schneide mit einer Gartenschere die Samenstände ab und lege sie zum Trocknen in eine mit Küchenpapier ausgelegte Schachtel.

Lavendelmännchen

Diese Typen sind dufte! Und nicht nur das! Sie vertreiben auch noch gemeine Motten aus deinem Kleiderschrank.

1 Vermische in einer Schüssel getrocknete Lavendelblüten und rohen Milchreis zu gleichen Teilen. Dann füllst du die Socken mithilfe eines Löffels damit. Fülle die Socken so weit, dass ein runder Ball entsteht. Dann bindest du die Socken mit einem Wollfaden zu.

2 Schneide das Bündchen rundum von der Socke ab und schneide es in zwei Stücke. Das werden die Arme deines Lavendellümmels. Klebe sie rechts und links an den Körper an. Jetzt schneidest du von der Sockenöffnung einmal durch die Socke bis kurz vor den abgeknoteten Kopf. Nun hat dein Männchen auch Beine.

3 Für die Frisur wickelst du solange einen langen Wollfaden um deine ausgestreckten Finger, bis du ein schönes Knäuel zusammen hast. Ziehe es von deinen Fingern und wickle um die Mitte einen Wollfaden, den du zusammenknotest. Schneide rechts und links vom Scheitel die Fäden durch. Klebe dein Haarbüschel mit Alleskleber oben auf dein Männchen.

4 Zum Schluss klebst du deinen Lavendellümmeln noch Wackelaugen und eine Pomponnase auf. Deine Männchen sehen nicht nur hübsch aus, sondern verjagen auch Motten im Kleiderschrank. Riech' mal an ihnen!

Material

- getrocknete Lavendelblüten
- roher Milchreis
- alte bunte Socken
- Wollgarn
- Pompons, ø 1 cm
- Wackelaugen, ø 0,5 cm
- UHU Alleskleber

Tipp

Lavendelblüten trocknest du, indem du blühende Lavendelstängel an einen warmen, dunklen Ort hängst. Nach drei Wochen sind sie getrocknet und du kannst die Blüten vom Stängel abstreifen.

Gerahmte Schätze

Endlich kannst du deine ganzen Schätze im Kinderzimmer ins rechte Licht rücken! Mit diesem besonderen Rahmen schaffst du dir ein kleines Schätze-Kunstwerk für deine Wand!

1 Male deine Kästchen nach Lust und Laune mit Acrylfarbe bunt an und lass alles gut trocknen.

2 Miss die Kästchen mit einem Lineal aus und zeichne die ausgemessene Fläche mit einem Bleistift auf dein gewünschtes Geschenkpapier. Ausschneiden und einkleben, fertig sind die Rahmen.

Material

- 8–9 verschieden große Pappschachteln
- Geschenkpapierreste
- Zackenlitze
- Pomponband-Reste
- Webbänder
- Acrylfarbe in Gelb, Grün, Pink und Hellblau
- Pinsel
- 2 Plakatösen, ø 4 cm
- Häkelblumen
- Lineal
- Bleistift
- Schere
- Klebestift
- UHU Alleskleber Kraft
- Spielzeugschätze

3 Nun geht's ans Verschönern: Klebe nach Belieben Pomponband, Zackenlitze und Webbänder an. Bist du zufrieden mit deinem Werk, legst du alle Kästchen aneinander und klebst die sich berührenden Seiten mit Alleskleber Kraft fest.

4 Jetzt musst du nur noch zwei Plakatösen an der Hinterseite deines Rahmens befestigen und schon kannst du ihn an einen Lieblingsplatz deiner Wahl hängen und nach Herzenslust befüllen.

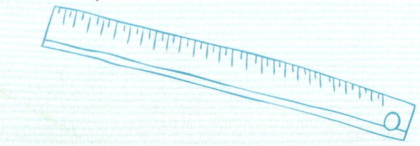

Haarspangen-Dame

Kennst du das auch? Immer, wenn du deine Lieblingshaar-spange suchst, ist sie gerade wieder nicht zu finden. Dann brauchst du unbedingt diese geniale Haarspangen-Dame!

1 Male den Laternenboden zunächst hellrosa, den Rand der Schachtel pink an. Ist alles gut getrocknet, kannst du die Feinheiten aufmalen: Haare, Augen und Mund.

2 Aus der rosafarbenen Wolle schneidest du 1,40 m lange Fäden zurecht. Du brauchst mindestens 15 Stück. Knote sie oben zusammen und fang an zu flechten. Am Zopfende machst du wieder einen Knoten. Binde um beide Knoten eine hübsche Schleife aus Webband.

3 Knote in die Mitte deines langen Zopfes noch ein paar kurze Wollfäden, sodass ein Pony entsteht. Dann kannst du den Zopf um den Laternenboden kleben. Zum Schluss klebst du noch eine Plakatöse auf die Rückseite, damit du den Haarspangenhalter auch aufhängen kannst. Und jetzt schnell deine Haarspangen holen und festmachen.

Apfelgekrümel

Blitzschnelles Apfelcrumble – das perfekte Trostfutter für Schlechte-Laune-Tage!

1 Heize den Backofen auf 180 °C vor. Schäle die Äpfel, entkerne sie und schneide sie in kleine Stücke. Zusammen mit 60 ml Wasser lässt du sie in einem Topf ca. 10 Minuten kochen. Die Apfelstücke sollen dabei ein wenig weich werden.

2 Gieße das Wasser ab und streue 1 EL Zucker darüber. Verteile die Äpfel in einer großen oder in vier kleinen Auflaufformen. Jetzt kümmerst du dich um den Teig. In einer Schüssel vermischst du Mehl, den restlichen Zucker und Zimt.

3 Lass die Butter in der Mikrowelle schmelzen und gib sie ebenfalls in die Schüssel. Verknete alles gut miteinander, bis ein krümeliger Teig entsteht. Diesen streust du dann über die Äpfel und schiebst deinen Auflauf für 25 Minuten in den Ofen, bis er goldbraun ist. Wenn du magst, kannst du dein Crumble zum Schluss mit einem Klecks Sahnequark krönen.

Zutaten

für 4 Personen
- 4 Äpfel
- 70 g Mehl
- 5 EL brauner Zucker
- 50 g Butter
- 100 g Sahnequark
- Prise Zimt

Tipp
Auch Schlagsahne oder Vanilleeis verfeinern deinen Snack. Anstelle von Äpfeln kannst du auch Birnen, Pfirsiche oder Nektarinen nehmen.

Mandelmilchreis

Schleckermäuler aufgepasst, hier kommt ein Rezept
für kleine Genießer!

1 In einem großen Topf erhitzt du zuerst die Mandelmilch. Wenn sie
kocht, gibst du Milchreis, Zucker und Mandelmus hinzu und lässt alles
einmal kurz aufkochen. Rühren nicht vergessen!

2 Jetzt nimmst du den Topf von der Herdplatte, legst den Deckel darauf
und lässt den Milchreis 30 Minuten ziehen.

3 In der Zwischenzeit kümmerst du dich um die Himbeersoße. Schütte
die Himbeeren zusammen mit 100 ml Wasser in einen kleinen
Topf. Gib 1 EL Stärkemehl, 2 EL Zucker und 1 TL Zitronensaft hinzu
und verrühre das Ganze gut, bevor du es langsam erhitzt. Deine
Himbeersoße sollte einmal aufkochen, dann ist sie fertig.

4 Lass Milchreis und Himbeersoße etwas abkühlen, bevor du sie
genüsslich auffutterst.

Zutaten

für 4 Personen

für den Milchreis:
- 1 l Mandelmilch
- 250 g Milchreis
- 4 EL Zucker
- 2 EL Mandelmus

für die Soße:
- 300 g Himbeeren
- 1 EL Stärkemehl
- 2 EL Zucker
- 1 TL Zitronensaft

Hellwache Nachteulen

Diese kauzigen Viecher ziehen gerne in dein Zimmer ein und bewachen deinen Schlaf.

1 Trenne jeweils den Deckel der Eierkartons ab. Schneide nun in die Deckel (die Seite ohne Eiermulden) an den langen Seiten Flügel und an der kurzen Seite Füße hinein.

2 Von der Eierkartonseite mit den Eiermulden schneidest du je ein Zweier-Päckchen für die Eulenaugen aus. Male alles mit Acrylfarbe an. Lass die Farbe trocknen.

3 Aus Fotokartonresten schneidest du je zwei gelbe Kreise (ø 2,5 cm), zwei weiße Kreise (ø 2 cm) und zwei schwarze Kreise (ø 1,5 cm) aus.

4 Für die Eulenaugen klebst du die Kreise wie auf dem Foto zu sehen aufeinander und klebst sie dann in deine Eieraugen hinein. Danach klebst du sie in die glatte Verpackungsinnenseite.

5 Schneide aus Geschenkpapierresten gemäß der Vorlage einen ovalen Bauch aus. Jetzt noch mit Alleskleber ein paar Federn an die Stirn deiner Eule kleben – fertig.

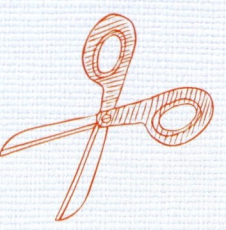

Tipp

Klebe Leuchtfolie statt Fotokarton in die Eulenaugen, dann leuchten sie im Dunkeln und du kannst deine Freunde erschrecken, indem du dazu schaurige Eulen-laute machst – huhuhuu!

Lustige Deckel- gesichter

Es lohnt sich, bunte Schraubverschlüsse zu sammeln.
Sie lassen sich herrlich in lustige Broschen verwandeln!

1 Walze die FIMO®Masse platt und die drücke die Schraubverschlüsse
wie Ausstechförmchen hinein.

2 Nimm die so entstandenen Kreise vorsichtig aus dem Deckel und lass
sie über Nacht trocknen.

3 Schneide aus dem bunten Klebeband Münder aus und klebe Münder
und Wackelaugen auf die Deckel. Wenn alles getrocknet ist, klebst
du den Fimo®-Kreis in den Deckel und eine Broschennadel darauf.
Anstecken, fertig!

Material

- Plastikschraubverschlüsse in
  verschiedenen Größen
- Masking Tape nach Wunsch
- Wackelaugen, ø 0,3 cm,
  1 cm und 1,5 cm
- FIMO® Air Light in Weiß
- Broschennadeln, 1,9 cm lang
- UHU Alleskleber

Praktisches Puppenhaus

Material

- Pappe, 60 cm x 60 cm
- 4 Bögen Motivkarton, A4
- Bleistift
- Cutter mit Schneideunterlage
- Schere
- Klebestift

Vorlagen Seite 153

Manchmal ist es ganz schön langweilig, wenn es draußen regnet und stürmt. Da ist dieses praktische Puppenhaus ein wunderbarer Zeitvertreib.

1 Übertrage die Vorlagen auf Pappe und schneide dann die beiden Puppenhausteile mit dem Cutter oder einer Schere vorsichtig aus. Lass dir dabei besser helfen!

2 Zeichne Fenster und Türen auf und schneide auch diese heraus. Dann schneidest du das eine Hausteil mittig von oben bis zur Hälfte ein und das andere mittig von unten bis zur Hälfte. So kannst du die beiden Teile ineinanderstecken.

3 Am einfachsten ist es, du schreibst jetzt auf die Innenseiten deines Hauses, welchen Motivkarton du dort als Tapete aufkleben möchtest, nimmst das Haus dann wieder auseinander und fängst an zu tapezieren bzw. zu kleben.

4 Kleben deine Tapeten, schneidest du die Tür- und Fensteröffnungen mit dem Cutter wieder heruas. Im Nu ist dein aufstellbares Puppenhaus bezugsfertig.

Spaßiges Tellerwerfen

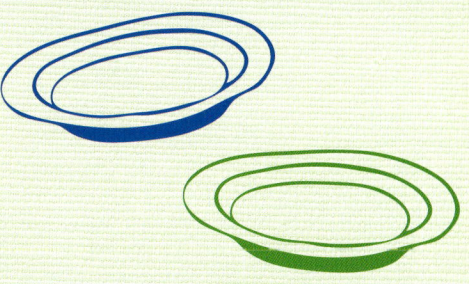

Dieses Wurfspiel ist auch bestens für drinnen geeignet. Beim Werfen der Pappteller-Ringe geht garantiert nichts zu Bruch.

1 Lege einen Pappteller vor dich hin und stelle eine leere Küchenpapierrolle mittig darauf. Jetzt zeichnest du einmal mit dem Bleistift um die Rolle herum. Mit der Schere schneidest du vorsichtig den Kreis aus. Stich dazu mit der Scherenspitze in die Mitte und schneide von da aus den Kreis aus.

2 Stecke nun die Küchenpapierrolle in die Teller-Öffnung und klebe sie dort fest.

3 Für die Wurfringe nimmst du eine Müslischale mit einem Durchmesser von ca. 14 cm–15 cm. Lege sie mit der Öffnung auf den Pappteller, zeichne einmal darum herum und schneide den Kreis aus.

4 Jetzt wird's bunt! Male die Wurfringe und das Gestell an und lass alles gut trocknen. Zum Schluss kannst du die Ringe mit 8 cm langen Masking Tape-Streifen oder Aufklebern verschönern.

Material

- 5 Pappteller, ø 23 cm
- Küchenpapierrolle
- Acrylfarbe in Rosa, Blau, Hellgrün und Gelb
- Masking Tape nach Wunsch
- Bleistift
- Schere

Kürbisse

Fröhlich gestaltete Kürbisse dürfen im Herbst und besonders zu Halloween nicht fehlen!

1 Zuerst besorgst du dir einen passenden Kürbis. Er sollte eine möglichst glatte Oberfläche und keine Risse haben. Achte auch auf weiche Stellen, denn diese deuten auf Fäulnis hin.

2 Befreie den Kürbis dann mit einem weichen, feuchten Tuch von Schmutz. Trockne ihn vorsichtig ab. Achte darauf, dass Stengel und Blüte (unten) möglichst nicht nass werden.

3 Jetzt geht's ans Bemalen. Streiche den Kürbis zunächst komplett in einer Grundfarbe an. Lass die Farbe gut trocknen, am besten über Nacht. Vielleicht musst du zweimal streichen, damit die Farbe schön deckt.

4 Nun kannst du bunte Punkte oder andere Wunschmuster in einer anderen Farbe auftragen. Farbe trocknen lassen, fertig!

Material

- Kürbisse, Größe nach Wunsch
- Acrylfarbe nach Wunsch
- Pinsel oder Schwammpinsel
- weiches Tuch

Kabinett des Grauens

Ekelhaftes im Einmachglas – denn an Halloween darf nach
Lust und Laune gegruselt werden.

Material

- Gläser in verschiedenen Größen
  mit Schraubverschluss
- Puppenteile
- Plastik- oder Gummitiere
- Fruchtgummiaugen
- Lebensmittelfarbe in Rot, Grün
  und Gelb
- Plastikschüssel
- Cutter mit Schneideunterlage

1 Für diesen kleinen Halloween-Streich sammelst
du verschieden große Gläser mit Schaub-
verschluss. Dann kramst du ein bisschen
in deiner Spielzeugkiste und schon kann's
losgehen.

2 Je nachdem, was du in deinen Gläsern
konservieren willst, ist eventuell ein bisschen
Vorarbeit nötig. Arme und Beine einer alten
Puppe eignen sich hervorragend, müssen aber
erstmal mit einem Cutter vom Rest des Körpers
abgetrennt werden. Dass du hierfür nicht
gerade die Lieblingspuppe deiner Schwester
nimmst ist klar, oder?

3 Plastikfrösche, Spinnen, Ratten oder
Fruchtgummiaugen sorgen ebenfalls für
einen hübsch gruseligen Anblick! In einer
Plastikschüssel vermischst du zunächst
Wasser mit der Lebensmittelfarbe deiner
Wahl. Probiere ruhig auch unterschiedliche
Farbkombinationen aus.

4 Jetzt stopfst du die gruseligen Plastikschocker
in die Gläser und füllst sie mit Farbwasser auf
(nicht zu voll machen!). Mit dem Schraubdeckel
zudrehen und ab damit in den Vorratsschrank!

Geschenkpapier-Stifte

Aktion buntes Federmäppchen: Langweilige Bleistifte müssen ausziehen, diese bunten Stifte ziehen ein!

Vorlagen Seite 153

Material

- Holzbleistifte
- Geschenkpapierreste
- Lineal
- Pappe
- Cutter mit Schneideunterlage
- Klebestift

1 Zuerst machst du dir eine Vorlage für deine Geschenkpapierstreifen. Nimm dazu ein Stück Pappe und schneide einen 3 cm x 17 cm langen Streifen zurecht.

2 Jetzt legst du den Streifen auf schönes Geschenkpapier und fährst mit dem Cutter an den Linien deiner Vorlage entlang.

3 Den Geschenkpapierstreifen überziehst du mit einer ordentlichen Klebeschicht. Den Kleber schön gleichmäßig verstreichen, besonders an den Ecken und Rändern.

4 Lege den Bleistift der Länge nach auf das Geschenkpapier und beginne ihn darin einzurollen. Streiche die Naht schön glatt.

Tipp

Verschiedene Geschenkpapiermotive ergeben ein zauberhaftes Bündel einmaliger Bleistifte, das du prima verschenken kannst.

Lieblings-Lesezeichen

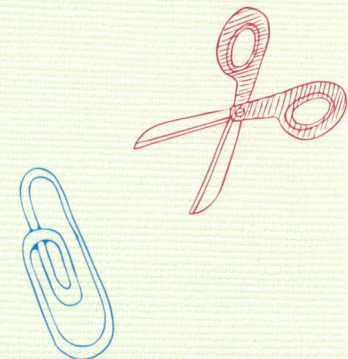

Du findest die unglaublich spannende Stelle in deinem Lieblingsbuch nicht mehr? Dann wird es Zeit für diese außergewöhnlichen Lesezeichen!

1 Schneide dir von schönen bunten Webbändern jeweils einen ca. 20 cm langen Streifen zurecht. Mit Satinband und Zackenlitze funktioniert das Ganze auch prima.

2 Jetzt fädelst du ein Webband durch deine Büroklammer und knotest es an der Oberseite so fest, dass du die Klammer noch feststecken kannst.

3 Ein weiteres Band, z. B. Satinband oder Zackenlitze, knotest du ebenfalls fest. Fertig ist dein Lesezeichen! Von nun an kannst du deine Lieblingsstelle im Buch immer wiederfinden!

Material

• bunte Büroklammern, 5 cm lang
• Webbänder, ca. 20 cm lang
• Satinbänder, ca. 20 cm lang
• Zackenlitze, ca. 20 cm lang

Räubertheater

Prinzessinnen nehmt euch in Acht! Diese Räuberbände hat es auf eure Schätze abgesehen!

1 Zuerst schneidest du die Finger der Gummihandschuhe, einen nach dem anderen, ab.

2 Dann zeichnest du auf ein Blatt Papier der Vorlage nach wilde Räubergesichter und ein wunderschönes Prinzessinengesicht auf.

3 Jetzt schneidest du die Gesichter vorsichtig aus und klebst sie jeweils auf eine Gummifingerspitze.

4 Schneide nun aus Filzresten Mäntel, Hüte, Gürtel, Hosen und Schuhe zurecht. Die Prinzessin bekommt natürlich eine Krone.

5 Klebe alle Teile an Ort und Stelle und verziere deine Puppen nach Lust und Laune mit Knöpfen oder Pailletten. Wenn alles gut getrocknet ist, kann dein Räuberstück beginnen. Einfach Figuren über die Finger stülpen und losspielen.

Material

- Haushaltshandschuhe aus Gummi in Gelb
- Tonpapier in Rosa, A4
- Filzreste in Hellbraun, Dunkelbraun, Hellgrau, Dunkelgrau, Hellgrün, Dunkelgrün, Schwarz, Gelb und Pink
- Knöpfe in Rot und Grün
- UHU Alleskleber
- Schere

Vorlagen Seite 153

Tipp

Natürlich kannst du auch kleine Feen, Piraten, Zootiere oder Monster aus den Gummihandschuhen zaubern. Einfach Gesicht aufmalen, ankleiden und losspielen. Probier's aus!

Ulkige Socktopusse

Mit diesen lustigen Gesellen macht das gute alte Angespiel gleich noch viel mehr Spaß!

1 Stecke einen Magneten in die Fußspitze eines Babysockens. Danach füllst du die Spitze mit einer Handvoll Füllwatte so auf, dass ein runder Kopf entsteht. Mit dem Satinband bindest du den Socken einmal unterhalb des Kopfes ab.

2 Mit einer Schere schneidest du vom Bündchen des Sockens einmal bis kurz vor den „Hals". Schneide dem Socktopus im Abstand von ca. 1 cm viele weitere Fangarme.

3 Damit er fröhlich gucken kann, bekommt dein Socktopus jetzt noch Augen und einen Mund aus Filzresten. Du kannst sie nach Lust und Laune ausschneiden oder die Vorlage benutzen. Klebe alles mit Alleskleber auf. Für die Angel bindest du an einen Rundstab ein ca. 30 cm langes Stück Schnur. Das Ende klebst du in einen Kronkorken. Jetzt kann das Spiel beginnen.

Material

- bunte Babysocken
- Magnete, rund, ø 2 cm
- Satinbandreste in Blau
- Filzreste in Weiß, Rot, Blau, Rosa, Orange und Hellgrün
- Rundstab, ø 0,6 cm, 50 cm lang
- Schnur, 30 cm lang
- Kronkorken
- Füllwatte
- UHU Alleskleber
- Schere

Vorlagen Seite 152

Gespenster-Fräulein

Keine Mädchen-Halloween-Party ohne diese feschen Gespensterdamen! Sie sind superschnell hergestellt und machen ordentlich was her!

Material

• Tonpapier in Weiß, DIN A3
• Tonpapier in Schwarz, DIN A4
• Tonpapier in Rosa, DIN A5
• Permanentmarker in Schwarz
• Schere
• Klebestift
• Nadel und Faden

Vorlagen Seite 154

1 Übertrage die Vorlage auf weißes Tonpapier und schneide die Gespenster entlang der Linie aus.

2 Aus schwarzem Tonpapier schneidest du jetzt für jedes Gespenster-Fräulein zwei Augen und einen Mund aus. Klebe das Gesicht mit Klebestift auf.

3 Aus rosafarbenem Tonpapier schneidest du Bäckchen und eine Schleife zurecht. Zeichne die Konturen der Schleife mit Permanentmarker nach und klebe alle Teile an.

4 Fädle einen Faden durch eine Nadel und stich mit der Nadel einmal ca. 1,5 cm vom oberen Rand entfernt durch den Gespensterkopf. Verknote die beiden Fadenenden. Nun kannst du das Gespenst aufhängen und baumeln lassen.

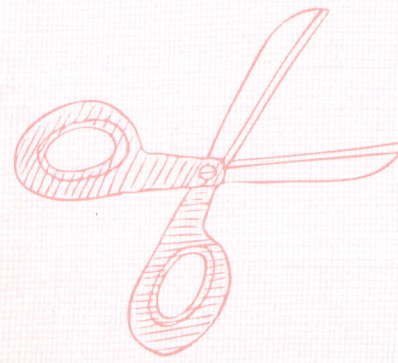

Vampir-Shooter

Diese Vampire fressen am liebsten Marshmallows oder bunte flauschige Pompons. Aber auch Konfetti oder Gummibären lassen sie sich zur Not gefallen!

1 Zuerst stichst du den Boden des Pappbechers mit einer spitzen Schere ein und schneidest dann den Boden heraus.

2 Schneide die Fledermausflügel der Vorlage nach aus schwarzem Fotokarton aus und hefte sie mit dem Bürohefter an die Becherrückseite.

3 Zeichne zwei spitze Vampirzähne auf weißen Fotokarton, schneide sie aus und klebe sie mit Bastelkleber auf die Vorderseite des Bechers. Als Augen klebst du gelbe und blaue Klebepunkte auf.

4 Verknote den unaufgeblasenen Luftballon und schneide das obere Drittel ab. Stülpe das Ende mit dem Knoten über den unteren Pappbecherrand. Vampir-Shooter mit Pompons oder Marshmallows laden und losschießen!

Material

- Pappbecher in Schwarz
- Luftballon in Schwarz
- Fotokarton in Schwarz, DIN A4
- Fotokarton in Weiß, 10 cm x 10 cm
- Bürohefter
- spitze Schere
- Bleistift
- Klebepunkte in Gelb, ø 2 cm
- Klebepunkte in Blau, ø 8 cm
- Bastelkleber

Vorlagen Seite 159

Süßes Popcorn

Hast du mal wieder Lust ins Kino zu gehen oder DVDs mit Freunden zu gucken? Hier kommt das passende Kinofutter dazu!

1 Gieße Öl in eine große, beschichtete Pfanne und erhitze es. Dann kommen die Maiskörner dazu. Ganz wichtig: Deckel auf die Pfanne, sonst hüpft das Popcorn durch die ganze Küche.

2 Nach kurzer Zeit hörst du, wie die Körner aufplatzen, jetzt musst du die Pfanne hin- und herschwenken. Wenn das Platzen der Popkörner weniger wird, kannst du sie vom Herd nehmen. Schütte dein Popcorn in eine große Schüssel, aber Vorsicht, heiß! Lass dir am besten von einem Erwachsenen helfen.

3 Schütte noch den Puderzucker darüber und mische das Ganze mit einem Löffel gut durch.

Zutaten

für 6 Tüten
- 80 ml Rapsöl
- 90 g Popcornmais
- 50 g Puderzucker

Tipp

Du möchtest das süße Futter verschenken? Verziere weiße Butterbrottüten mit Stempelbuchstaben und Masking Tape. Dann füllst du das Popcorn hinein und verschließt die Tüte mit einem weiteren Streifen Masking Tape.

Superheldensnack

Selbst gemachte Müsliriegel sorgen für jede Menge Power gegen Herst-Blues!

1 Gib Butter, Honig und eine Prise Salz in einen Topf und lass sie bei schwacher Hitze schmelzen. Dann schüttest du die restlichen Zutaten dazu und rührst das Ganze gut mit einem Kochlöffel um.

2 Jetzt legst du ein Backblech mit Backpapier aus, schüttest deinen Müsli-Mix darauf und drückst die Masse mit einem Löffel zu einer dichten ca. 1 cm hohen Platte. Schiebe das Blech in den auf 150 °C vorgeheizten Ofen und lass die Müsli-Masse 15 Minuten backen.

3 Dann nimmst du das Blech vorsichtig mit Backhandschuhen heraus und lässt die Masse gut abkühlen. Zuletzt schneidest du vorsichtig mit einem scharfen Messer ca. 3 cm x 15 cm lange Müsliriegel daraus zurecht.

Zutaten

für 30 Müsliriegel
- 250 g kernige Haferflocken
- 250 g zarte Haferflocken
- 100 g Sesam
- 100 g Sonnenblumenkerne
- 75 g gehackte Mandeln
- 250 g Butter
- 300 g Honig
- Prise Salz

Tipp

Du kannst deine Müsliriegel auch mit Kokosflocken, Haselnüssen, Rosinen oder Schokoladenstücken zubereiten. Mit einer Lage Seidenpapier sind sie nicht nur schick verpackt, sondern eignen sich auch prima zum Mitnehmen oder Verschenken.

WINTER

Nikolausschachtel

Wer sagt denn, dass Nikolausgeschenke immer in einen Strumpf oder Schuh wandern müssen? Kleine Geschenke sind in dieser Schachtel prima aufgehoben.

1 Übertrage die Vorlage für den Nikolausgrundkörper und den Bart auf weißen Fotokarton und schneide alles aus. Dann wiederholst du das Ganze noch einmal mit rotem Fotokarton für den Bauch.

2 Beklebe den weißen Grundkörper mit rotem Filz, sodass Mütze und Arme später zum Bauch passen. Auf die Schuhe kommt schwarzer Filz. Überreste schneidest du ab.

3 In das ausziehbare Kästchen der Streichholzschachtel stichst du in eine der kurzen Seitenwände mittig ein Loch. Das machst du am besten mit einer spitzen Nadel mit eingefädelter Schnur. Dann musst du den Faden nicht nachträglich durchfädeln und kannst in der Schachtel gleich einen Knoten machen, sodass die Schnur nicht herausrutschen kann. Auf das andere Schnurende fädelst du eine Holzperle auf und machst ebenfalls einen Knoten.

4 Nun schiebst du das Kästchen zurück in die Schachtel und klebst diese auf den Nikolausgrundkörper.

5 Jetzt geht's ans Verschönern! Klebe den roten Fotokartonbauch vorn auf die Schachtel. Dann malst du mit schwarzem Filzstift einen dicken Nikolausgürtel darauf. Auf diesen kannst du eine Schnalle aus gelbem Filz kleben. Noch zwei Knöpfe aus gelbem Filz, dann klebst du im oberen Teil der Schachtel den Bart auf. Anschließend kannst du dem Nikolaus ein Gesicht malen.

6 Mit einem Cutter halbierst du die kleine Styropor®-Kugel, malst sie rosa an und klebst sie als Nase auf. Zum Schluss halbierst du die große Styropor®-Kugel und klebst sie als Bommel oben an die Mütze. Fertig!

Material

- Streichholzschachtel, 11 cm x 6 cm x 2 cm
- Fotokarton in Rot und Weiß, A4
- Bastelfilzreste in Gelb und Schwarz
- Styropor®-Kugel, ø 3 cm
- Styropor®-Kugel, ø 1 cm
- Filzstift in Schwarz, Rot und Rosa
- Schnur- oder Fadenrest
- Holzperle
- UHU Alleskleber
- Schere
- Cutter mit Schneideunterlage

Vorlagen Seite 155

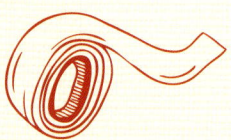

Tipp

Nun kannst du dich um die Überraschung im Nikolausbauch kümmern. Wie wäre es mit Schokokugeln, kleinen Stiften oder Aufklebern?

Würzige Knuspernüsse

Nüsse gehören zur Weihnachtszeit wie Adventskalender und Kerzen. Hier kommt eine besonders feine Mischung!

1 Zuerst heizt du den Backofen auf 160 °C vor. In der Zwischenzeit verteilst du die Nüsse auf einem Backblech und schiebst sie dann für 10 Minuten in den Ofen.

2 Schlage das Eiweiß mit dem Schneebesen des Rührgeräts richtig steif. Dann mischst du Kräuter, Salz und Zucker darunter. Schütte die Nüsse in die Eiweißmasse und verteile sie gut mit den Händen. Alle Nüsse sollten leicht von der Masse eingehüllt sein.

3 Lege ein Backblech mit Backpapier aus und verteile die Nüsse darauf. Sie müssen noch mal bei gleicher Temperatur für ca. 15 Minuten im Backofen rösten, dann sind sie fertig.

Zutaten

für ca. 8 Pappbecher (0,2 l)

- 450 g gemischte Nüsse (Cashews, Haselnüsse, Walnüsse, Macadamianüsse, Pecannüsse)
- 3 EL brauner Zucker
- 1 TL Rosmarinpulver
- 1 TL Kräuter der Provence
- 2 TL Meersalz
- 1 Eiweiß
- Handrührgerät

Tipp

Für die Verpackung schneidest du Pappbechern (0,3 l) den oberen Rand ab. Schneide den Rand dann sechsmal in gleichen Abständen ca. 5 cm tief ein. Gib die Nüsse hinein und klappe die Laschen des Pappbechers um. Binde noch eine Schleife um den Becher und hefte einen Gruß daran.

Nikolaus-Pfannkuchen

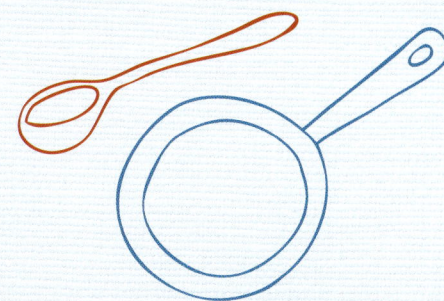

Statt Mandarinen gibt es dieses Mal richtig leckere Pfannkuchen zu Nikolaus. Wer kann da schon widerstehen?

1 Erhitze die Butter und lass sie wieder abkühlen. Dann vermischst du Mehl und Backpulver miteinander. Gib Eier, Butter und Milch dazu und verrühre alles zu einem glatten Teig. Den Teig mit Butter portionsweise in der Pfanne von beiden Seiten backen.

2 Die Kirschen aus dem Glas abgießen, Kirschsaft auffangen und mit einem Esslöffel Speisestärke verrühren. Kirschen und Saft zusammen erhitzen, bis die Kirschen in einer dicklichen Sauce schwimmen.

3 Nun geht's ans Verzieren. Pfannkuchen mittig auf dem Teller platzieren. Aus den Kirschen formst du einen Hut. Dann schneidest du Bananenscheiben für die Augen zu und legst sie an Ort und Stelle. Als Pupillen kommen Cranberries auf die Bananenaugen. Zuletzt bekommt der Nikolaus noch einen Bart und eine Mütze aus Sprühsahne.

Zutaten

75 g Butter
2 Eier
250 g Mehl
2 TL Backpulver
75 g Zucker
300 ml Milch
50 g Butter zum Braten
ein Glas Kirschen
Banane
Cranberries oder Rosinen
Sprühsahne
Speisestärke

Glitzerknete

Es dauert noch sooo lange bis Weihnachten und dir ist sooo langweilig? Dann probiere mal diese Glitzerknete aus!

1 In einer Schüssel vermischst du Mehl, Salz und Alaunpulver. Erhitze das Wasser und gib 3 EL Öl hinein. Diese Flüssigkeit schüttest du dann langsam in dein Mehl-Salz-Gemisch.

2 Jetzt musst du solange rühren, bis die Knete lauwarm geworden ist. Teile sie in fünf gleich große Portionen.

3 Dann vermengst du die Lebensmittelfarben mit jeweils einem Teelöffel Öl und zwei Esslöffeln Glitter und knetest sie mit Einweghandschuhen unter die einzelnen Portionen.

Material

- 400 g Mehl
- 200 g Salz
- 2 EL Alaunpulver (gibt es in der Apotheke!)
- 0,5 l kochendes Wasser
- 3 EL Öl
- 5 TL Öl
- Je 1 EL Lebensmittel-farbe in Rot, Gelb, Grün und Blau
- 1 Dose Glitter
- Einweghandschuhe

Tipp

Wichtig ist, dass du deine Knete luftdicht verpackst (z. B. in einer Plastiktüte), so bleibt sie schön lange geschmeidig.

Tannenbaum-Memospiel

Das Dauer-Lieblingsspiel aller Kinder und vieler Erwachsener präsentiert sich hier ganz weihnachtlich!

Material

- Fotokarton in Hellgrün, 50 cm x 70 cm
- Motivkarton, 20 cm x 20 cm
- Eisstiele aus Holz, ca. 18 cm lang
- Schere
- UHU Alleskleber

Vorlagen Seite 157

1 Zeichne die Tannenbäume der Vorlage nach auf grünen Fotokarton. Du brauchst 40 Stück! Von den kleineren Dreiecken brauchst du insgesamt 20 Stück. Dazu schneidest du von jeder Farbe zwei Exemplare aus Motivkarton oder Geschenkpapier zurecht.

2 Schneide alle Dreiecke sorgfältig aus. Dann klebst du je zwei grüne Fotokartondreiecke an den seitlichen Rändern und unten (bis auf eine ca. 1 cm breite Lücke) zusammen.

3 Nun befestigst du jeweils ein buntes kleineres Dreieck auf einer grünen Doppeltanne. Jetzt kannst du von unten den Eisstiel zwischen die beiden grünen Tannenhälften schieben. Schon kann das Spiel beginnen. Drehe alle Tannen auf „Grün" und fange an zu spielen!

Tipp

Das Ganze funktioniert natürlich auch mit anderen Motiven: Sterne, Schneemänner oder Glöckchen. Was fällt dir noch ein?

Oberengel

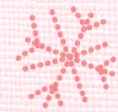

Ob im Eingang, im Wohnzimmer oder in deinem Zimmer, dieser nette Engel wacht über die gesamte Weihnachtszeit!

1 Rühre den Kleister nach Packungsanleitung an. Dann befestigst du die Wattekugel mit Kreppband auf der Flaschenöffnung.

2 Falte ein Stück Zeitung zu einem ca. 3 cm breiten Streifen und klebe über die ganze Länge Kreppband. An den Enden dann je einen Plastikdeckel in den Zeitungsstreifen eindrehen und diese Kerzenhalter wieder mit Kreppband fixieren.

3 Dann werden die Kerzenhalterarme mit Kreppband mittig auf die Flaschenrückseite geklebt. Einen ca. 15 cm breiten Zeitungsstreifen wickelst du unterhalb der Arme einmal um die Flasche und polsterst ihn mit Zeitung aus, sodass eine Art Röckchen entsteht.

4 Jetzt kann alles (bis auf den Kopf) mit einer Lage Zeitungsschnipsel eingekleistert werden. Dazu tauchst du die Schnipsel in den Kleister und streichst sie auf dem Engelkörper schön glatt. Die zweite Schicht wird mit Kopierpapierschnipseln gekleistert.

5 Wenn alles gut getrocknet ist, geht's ans Dekorieren. Der Kopf wird in Rosa angemalt, der Oberkörper in Gelb, die Arme in Pink. Dann kannst du das Gesicht aufzeichnen. Um den Rock werden je nach Geschmack Webbänder, Pomponborte oder andere Bänder geklebt.

6 Für die Haare schneidest du zahlreiche ca. 20 cm lange Wollfäden zurecht und klebst sie dann mit Alleskleber am Kopf fest. Die Flügel schneidest du nach Vorlage aus und klebst sie hinten am Engel fest. Nun kannst du die Kerzen in die Halterungen stecken und einen schönen Platz für deinen Engel suchen!

Material

- Plastikflasche, 1,5 l
- 1 kg Reis
- 2 Plastikschraubdeckel, ø ca. 1 cm
- 3 Blatt Kopierpapier in Weiß, A4
- Wattekugel, ø 9 cm
- Zeitung
- Acrylfarbe in Gelb, Rot, Pink, Schwarz und Rosa
- Webbandreste, Pomponbortenreste, Samtbandreste
- Fotokarton in Gelb, kariert, A4
- Wolle in Gelb
- 2 Kerzen
- Kreppband
- Kleister
- Alleskleber

Vorlagen Seite 155

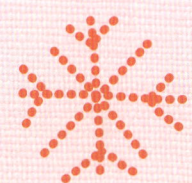
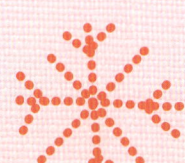

Klorollen-Eisblumen

Winterwunderland für dein Zuhause. Eisblumen sehen nicht nur am Fenster schön aus. Sie schmücken auch Zweige oder euren Tannenbaum.

Material

- Klopapierrolle
- Fotokartonrest in Blau, A4
- Acrylfarbe in verschiedenen Blautönen
- Silberfolienrest
- Perlen in Blau
- Pailletten
- Stickgarn in Blau
- Nadel
- Cutter mit Schneideunterlage
- UHU Alleskleber

1 Zuerst drückst du die Klorolle platt und schneidest an der kurzen Seite mit dem Cutter ca. 6 mm breite Stücke (Ringe) ab. Pro Blume brauchst du sechs Ringe.

2 Mit Acrylfarbe bringst du die grauen Klorollenringe zum Leuchten. Lass die Farbe gut trocknen.

3 Ordne sechs Ovale zu einem Stern an und verklebe sie seitlich miteinander. Damit Verbinde jeweils zwei Ovale mit einer Wäscheklammer, bis der Kleber gut getrocknet ist.

4 Dann befestigst du die untere Seite des Sterns auf dem Fotokarton und wartest wieder, bis alles getrocknet ist. Mit dem Cutter schneidest du den überstehenden Karton ab und klebst noch einen Stern aus Silberfolie in die Mitte der Blume.

5 Mit einer Nadel bohrst du ein Loch durch eine der Ovalspitzen und fädelst das Stickgarn hindurch. Perlen und Pailletten auffädeln, dazwischen einen Knoten machen, damit die Perlen nicht verrutschen und das Garnende verknoten.

Poppige Strohsterne

Sicher habt ihr auch noch angestaubte Strohsterne in eurer Weihnachtskiste. Dann wartet jetzt die ultimative Verwandlung auf sie!

Material

- Strohsterne
- Acrylfarbe in Rosa, Hellblau, Orange, Rot, Lila, Blau, Gelb und Grün
- kleine Glanzbilder
- UHU Alleskleber

1 Male die Strohsterne mit Acrylfarbe bunt an und lass die Farbe gut trocknen. Vielleicht brauchen sie noch einen zweiten Anstrich.

2 Dann kannst du auf die Vorderseite mittig ein Glanzbild mit Alleskleber aufkleben. Befestige farblich passendes Garn an den Sternen und sie sind zum Aufhängen bereit.

Tipp

Diese bunten Strohsterne eignen sich nicht nur als Baumschmuck, sondern auch hervorragend als Geschenkanhänger! Du kannst auf die Rückseite noch einen Zettel mit Weihnachtsgrüßen aufkleben.

Hosentaschen-Adventskranz

Dieser Mini-Kranz ist immer und überall einsatzbar und sorgt in jeder noch so kleinen Ecke für Weihnachtsstimmung.

1 Male zuerst die Streichholzschachtel in deiner Lieblingsfarbe an und lass sie gut trocknen.

2 Dann ist deine Fantasie gefragt. Klebe einen Tannenbaum auf, zaubere ein Papiersternchen als Verschönerung oder bemale die Schachtel mit einem Adventskranz. Bestimmt fallen dir noch andere Varianten ein!

3 Mithilfe der Ösenzange befestigst du die vier Ösen in der Streichholzschachtel. Sie dienen als Kerzenhalter.

4 Kürze die Geburtstagskerzen mit einer Schere, damit sie von ihrer Länge her in die Schachtel passen. Evtl. musst du sie mit dem Anspitzer ein wenig anspitzen, bevor sie in die Ösen passen.

Material

- Streichholzschachteln
- Acrylfarbe in Pink, Gelb und Hellblau
- Ösenzange und Ösen, ø 0,4 cm
- Tonpapierreste
- Geschenkpapierreste
- Geburtstagskerzen
- Schere
- UHU Alleskleber

Tipp

Nimm jede Woche eine Kerze heraus und zünde sie an. Erst eins, dann zwei, dann drei, dann vier ... dann steht das Christkind vor der Tür. Endlich!

Weihnachts-Shirts

Wieso soll eigentlich immer nur dein Zuhause weihnachtlich geschmückt sein? Hier kommt dein Look für die Weihnachtszeit.

1 Zuerst erstellst du eine Vorlage von Schneemann- und Rentiergesicht. Diese überträgst du auf den Bastelfilz.

2 Schneide die Einzelteile aus und pause sie auf die Papierseite des Bügelvlies' ab. Alles grob ausschneiden. Dann legst du den Bügelvlies mit der rauen Seite auf die linke Filzseite und bügelst ihn 3–4 Sekunden trocken auf.

3 Schneide dein Motiv aus und ziehe das Trägerpapier ab. Danach legst du den Filz mit der beschichteten Seite nach unten auf die passende Stelle.

Material

- T-Shirts in Weiß und Grün
- Bastelfilz in Schwarz, Orange, Hellbraun, Dunkelbraun, Rot, Beige und Hellblau, je 20 cm x 30 cm
- Bügelvlies (beidseitig haftend), 50 cm x 45 cm
- Schere
- Bügeleisen

Vorlage Seite 155

4 Alles mit einem feuchtem Tuch abdecken und das Filzstück mit leichtem Druck ca. 8–10 Sekunden aufbügeln. Auf diese Weise Stück für Stück aufbügeln, bis das Motiv vollständig ist. Danach sollte dein T-Shirt 20 Minuten flach liegend auskühlen, bevor du es anziehst.

Tipp

Das Ganze sieht natürlich auch mit Tannenbaum, Schneeflocke, Engel oder einfach „Fröhliche Weihnachten" toll aus!

Schneemann-Leuchte

Weihnachten steht vor der Tür und es hat noch immer nicht geschneit? Dann ist dieser Schneemann eine tolle Alternative!

1 Zuerst lackierst du die Flasche weiß. Dann schneidest du mit einem Cutter 5 cm vom Boden ab. Drücke die Flasche auf einen Styropor®-Ring und schneide den Abdruck mit dem Cutter weiter ein. So lässt sich der Flaschenboden in den Ring stecken und festkleben.

2 Klebe den einen Chenilledraht um den unteren Teil der Flasche herum, das sorgt für mehr Standfestigkeit.

3 Jetzt fädelst du bunte Pompons mit einer dicken Nadel auf den Wollfaden auf. Damit sie nicht herunterrutschen, vorher am Fadenende einen Knoten machen. Stecke je ein Ende des zweiten Chenilledrahts durch einen dicken Pompon und biege den Draht am Ende leicht um, sodass er nicht mehr herausrutschen kann.

4 Nun braucht der Schneemann noch ein Gesicht. Für den Mund schneidest du fünf Kreise aus Moosgummi aus. Auch die Augen werden aus Moosgummi ausgeschnitten, die Nase aus orangefarbenem Filz. Dann klebst du alle Einzelteile an.

5 Um den Flaschenkopf klebst du, mit ca. 8 cm Abstand zur Öffnung, einmal doppelseitiges Klebeband um die Flasche herum. Der Frotteestoff wird an einer Längsseite einmal umgeschlagen und dann mit dieser Kante auf das Klebeband geklebt.

6 Den über den Kopf ragenden Stoffstreifen kannst du jetzt mit einem Stück Wolle zu einer Mütze zusammenbinden. Nur noch die Ohrwärmer aus Pompons ankleben und schon kann dein Schneemann seinen Dienst antreten. Dafür das LED-Teelicht in die Mitte des Styropor®-Kreises stellen und anschalten.

Material

- Plastikflasche, 1,5 l
- Acryllackfarbe in Weiß
- Pompons gemischt, ø 2 cm
- 2 Pompons in Hellblau, ø 4 cm
- Styropor®-Ring, ø 12 cm
- Frotteestoff in Hellblau, 15 cm x 25 cm
- 2 Stück Chenilledraht in Hellblau, 30 cm lang
- Moosgummi in Schwarz, 10 cm x 20 cm
- Filzrest in Orange
- doppelseitiges Klebeband, transparent, 0,7 cm breit
- Wollfaden, 45 cm lang
- LED-Teelicht
- Cutter mit Schneideunterlage
- UHU Alleskleber
- Schere
- Nadel

Vorlage Seite 151

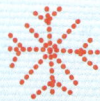

Süße Engelchen

Himmlische Plätzchen zum Verschenken.
Oder zum „Selberauffuttern".

1 Butter, Zucker und Ei verrühren, dann Mehl dazugeben. Knete den Teig gut durch und stelle ihn mindestens eine Stunde kühl. Rolle den Teig auf einer mit Mehl bestäubten Unterlage aus und stich nach Belieben Engel aus. Aus Teigresten formst du den Engeln Frisuren.

2 Lege alle Engel auf Backpapier, schiebe das Blech auf mittlerer Schiene in den Ofen und backe alles bei 200 °C für 15 Minuten. Verrühre Puderzucker mit 1–2 Esslöffeln Wasser und einem Spritzer roter Lebensmittelfarbe.

3 Male mit einem Pinsel oder Schaschlikspieß Mund und Augen auf. Auch die Schokolinsen-Verzierung am Kleid wird mit Zuckerguss „angeklebt".

4 Aus Tortenspitze schneidest du kleine Stücke zurecht und klebst sie mit Zuckerguss auf die Engelskleider. Halbiere eine Muffinform mit einer Schere und schneide aus den Halbkreisen Flügel für die Engel aus. Klebe sie hinten mit Zuckerguss an.

Zutaten

- 200 g Butter
- 125 g Zucker
- 1 Ei
- 400 g Mehl
- 150 g Puderzucker
- Lebensmittelfarbe in Rot
- Minizuckerperlen
- bunte Schokolinsen
- Ausstecher: Engel
- Tortenspitzen in Weiß
- Papierförmchen für Muffins
- Schere

Brownies im Rahmen

Leckereien dürfen in der Adventszeit nicht fehlen. Diese Brownies eigenen sich auch noch bestens zum Verschenken.

1 Zuerst lässt du Schokolade und Butter miteinander schmelzen und rührst 2 TL Cremè Fraîche unter. Heize den Backofen auf 180 °C vor.

2 Eier mit dem Zucker schaumig schlagen und dann die Schokoladenmasse unterrühren. In einer anderen Schüssel vermischst du Mehl, Mandeln, Backpulver und Kakao und gibst alles zur Schokomasse.

3 Lege deine Backform mit Backpapier aus und fülle den Teig hinein. Die Brownies ca. 30–40 Minuten im Ofen backen.

4 Die Brownies gut abkühlen lassen und dann aus der Form nehmen. Mit einem breiten Messer die Browniefläche horizontal kürzen, sodass ein Rechteck mit ca. 1,5 cm Höhe stehenbleibt.

5 Drücke die Ausstecher in die Browniefläche und nimm sie dann vorsichtig mit Inhalt heraus.

6 Zum Schluss füllst du die Ausstechförmchen mit geschmolzener Schokolade auf und verzierst sie mit Schokolinsen.

Zutaten

- 150 g Vollmilchkuvertüre
- 150 g Zartbitterkuvertüre
- 100 g Butter
- 2 TL Cremè Fraîche
- 3 Eier
- 200 g brauner Zucker
- 150 g Mehl
- 3 EL Kakaopulver
- Prise Salz
- 100 g gemahlene Mandeln
- 1/2 Päckchen Backpulver
- 300 g Vollmilchschokolade
- Schokolinsen
- rechteckige Backform, 35 cm x 24 cm
- Ausstechförmchen

Funkelkometen

Hattet ihr schon mal Kometen an eurem Weihnachts-
baum? Nein? Dann wird es jetzt höchste Zeit!

1 Male die Styropor®-Kugel mit Acrylfarbe an. Male pro Kugel auch
24 Zahnstocher bunt an. Die untere Spitze lässt du unbemalt, damit
steckst du die Zahnstocher zum Trocknen in ein Stück Steckmoos.

2 Die Styropor®-Kugel bekommt noch einen Anstrich mit Klarlack,
dann glänzt sie schön.

3 Bohre mit einer Nadel Löcher in die Styropor®-Kugel. Hier pikst du
jetzt die Zahnstocher hinein. Zum Schluss steckst du eine silberne
Paillette auf jedes Zahnstocherende.

4 Die Ringschraube wird ebenfalls in die Kugel gesteckt und mit
einem Satinband versehen. Nun kann dein Komet losfunkeln!

Material

- 5 Styropor®-Kugeln, ø 3 cm
- Zahnstocher aus Holz
- Satinband in Orange,
  je ca. 40 cm lang
- Pailletten in Silber
- Acrylfarbe in Rot, Gelb, Orange,
  Helllila und Dunkellila
- Klarlack
- 5 Ringschrauben, stahlverzinkt,
  1 cm x 3 cm x 0,2 cm
- Schaschlikspieß, 30 cm lang
- Steckmoos
- Nadel

Glitzerdinos

Auch Dinos wollen mal Weihnachten feiern. Diese hier sind ganz harmlos und glitzern friedlich vor sich hin.

1 Zuerst bohrst du mit dem Kastanienbohrer an der Oberseite der Dinos mittig ein Loch und schraubst dort die Ringschraube hinein. Dann malst du die Dinosaurier mit Lack an und lässt die Farbe trocknen.

2 Jetzt sprühst du einen Dinosaurier nach dem anderen mit Sprühkleber ein und lässt von einem Löffel Glitzer darüber rieseln.

3 Ziehe ein Satinband durch den Ring und verknote die Enden. Schon hast du einen sehr individuellen Weihnachtsbaumschmuck.

Material

- Plastikdinosaurier
- Acryllack in Gelb, Hellblau und Hellgrün
- Ringschrauben stahlverzinkt, 1 cm x 0,3 cm x 0,1 cm
- Kastanienbohrer, ø 0,2 cm
- Glitter
- UHU Sprühkleber

Vogelfutterstation

Auch Vögelchen möchten an Weihnachten schick essen gehen.
In diesem hübschen Futterhäuschen wird es ihnen gefallen.

1 Bevor es losgeht, solltest du den Getränkekarton gut reinigen, damit keine Lebensmittelreste beim Basteln stören. Dann zeichnest du auf Vorder- und Rückseite ein Fenster ein. Lass mindestens 7 cm Abstand zwischen Boden und Fensterunterkante, damit du später genügend Vogelfutter hineinfüllen kannst.

2 Die Fenster schneidest du mit dem Cutter aus. Nun kannst du dich an den Anstrich machen. Trage zuerst eine Schicht blaue Acrylfarbe auf. Ist die Farbe getrocknet, verschönerst du das Häuschen mit weißer Acrylfarbe. Später braucht dein Vogelhäuschen noch einen weiteren Anstrich mit Klarlack, damit es auch wetterfest ist.

3 Die dünnen Äste brichst du in kleine Stücke. Achte dabei darauf, dass alle Teile etwa gleich lang sind. Sie sollten ein bisschen über den Getränkekartonrand hinausragen. Jetzt klebst du sie mit Heißkleber auf der Oberseite des Getränkekartons fest, sodass ein Dach entsteht. Achtung, heiß!

4 Säge das Stielende von einem Holzpinsel nach ca. 7 cm ab und lackiere es mit Klarlack. Mit dem Henkellocheisen machst du ca. 2 cm unter der unteren Fensterkante mittig ein Loch. Dort wird der Holzstiel hineingesteckt und mit Heißkleber auf der Innenseite des Kartons befestigt.

5 Nun fehlt noch die Aufhängung. Dafür stichst du mit einer spitzen Schere oder Nadel mittig ein Loch durch die Getränkekartonspitze, fädelst die Wäscheleine hindurch und verknotest sie an den Enden miteinander. Zum Schluss füllst du das Vogelfutter hinein und suchst dir für dein Futterhäuschen einen geeigneten Ort im Baum oder Strauch.

Material

- Getränkekarton, 1 l
- Acrylfarbe in Hellblau und Weiß
- Klarlack
- kleine Äste
- Wäscheleine gummiert, ca. 50 cm lang
- Pinsel mit Holzstiel
- Cutter mit Schneideunterlage
- Heißklebepistole
- Henkellocheisen, ø 0,8 cm
- Vogelfutter

Klingglöckchen

... Weißröckchen, wann kommst du geschneit?

1 Die Glöckchen-Vorlage überträgst du zweimal auf den Fotokarton und schneidest sie aus. Dann werden beide Glöckchen mit Alleskleber bestrichen und auf Filz geklebt. Die überstehenden Filzreste schneidest du ab.

2 Jetzt wird dekoriert. Dazu beklebst du eine Glöckchenseite mit Bändern, Pailletten, Sternen, Knöpfen etc. Wenn du mit deinem Werk zufrieden bist, klebst du die beiden Fotokartonseiten am Rand mit Alleskleber aufeinander und lässt oben und unten jeweils ein Stück offen.

3 Nimm ein Stück Vichykaro-Band und fädele es durch das Glöckchen. Die Enden verknotest du. Jetzt musst du nur noch das Band mit dem Glöckchen dran zwischen den Fotokartonseiten hindurchfädeln und schon bist du fertig.

Material

- Fotokartonrest in Weiß
- Filzreste in verschiedenen Farben
- Bänderreste
- Pailletten
- Streusterne
- Verziersteine
- Dekoband mit Vichykaro, 0,3 cm breit, ca. 25 cm lang
- Glöckchen, ø 1 cm
- Schere
- UHU Alleskleber

Vorlagen Seite 156

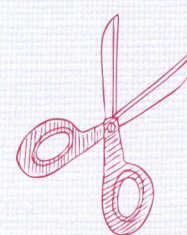

Baumschmuck

Diese Bäumchen sind herrlich bunt und superleicht herzustellen! Probier' es aus!

1 Übertrage die Tannenbaumvorlage auf weißen Fotokarton. Dann schneidest du die Tannen aus. Lege ein Stück Satinband zu einer Schlaufe und tackere es hinten als Aufhängung an die Tanne.

2 Dann klebst du den Filz über den Stamm der Tanne und schneidest die überstehenden Reste ab.

3 Reiße aus bunten Stoffresten 1 cm breite Streifen zurecht oder schneide sie mit der Zackenschere aus.

4 Beginne unten mit dem Bekleben der Tanne. Bringe den ersten Streifen an. Den zweiten Streifen klebst du dann überlappend darüber usw. Dabei verkürzt du die Streifen an den Seiten immer ein Stück, sodass eine Tannenbaumform entsteht.

Material

- Fotokarton in Weiß, A4
- bunte Stoffrestestreifen, je 1 cm breit
- Bastelfilz in Hellgrün, 15 cm x 15 cm
- Satinband in Hellgrün, 0,5 cm breit, pro Tanne ca. 10 cm lang
- Zackenschere
- Klebestift
- Bürohefter

Vorlagen Seite 156

Mr. Rudolf Rentier

Diese Handpuppe muss man einfach lieb haben.
Aber sie ist auch bestens zum Spielen geeignet.

1 Zuerst halbierst du den Bierdeckel. Die Norwegersocke ziehst du auf links und dellst sie vorne ein. Ober- und unterhalb der Delle klebst du mit Alleskleber die Bierdeckelhälften ein. Lass alles gut trocknen und ziehe den Socken dann wieder auf rechts.

2 Schneide von den Wattekugeln mit dem Cutter ein Drittel ab. Male mit einem Permanentmarker Augen auf die Wattekugeln und klebe sie mit Alleskleber an die Ferse der Socke.

3 Nähe mit Nadel und Faden einen roten Pompon als Nase an.

Material

- Norwegersocke
- Bierdeckel, rund, ø ca. 11 cm
- 2 Wattekugeln, ø 4 cm
- Pompon in Rot, ø 4 cm
- Fotokarton in Braun, A4
- Bastelfilzrest in Braun
- Füllwatte
- Permanentmarker
- Nähnadel
- Faden
- Cutter mit Schneideunterlage
- UHU Alleskleber
- Schere
- Bürohefter

Vorlagen Seite 156

4 Für das Geweih überträgst du die Vorlage auf braunen Fotokarton und schneidest sie sorgfältig aus. Hefte die beiden Geweihe in der Mitte zusammen und verstärke sie mit einem Kreis aus braunem Bastelfilz. Dann klebst du sie auf.

5 Zum Schluss wird Mr. Rudolf Rentier noch mit etwas Füllwatte gefüllt. Hand reinstecken und losspielen.

Wachsmaler-Sterne

Zusammen mit einem schönen Wachsmalkreide-Bild von dir sind diese Malsterne ein tolles Geschenk!

1 Entferne das komplette Papier von der Wachmalkreide. Dann zerkleinerst du die Kreide mit einem Messer und heizt den Backofen auf 220 °C vor. Wenn du möchtest, kannst du die Wachsmalerstückchen farblich sortieren.

2 Gib die Wachsmalstückchen in die Muffinform und schiebe sie für ca. 10 Minuten in den Backofen. Warte, bis die Wachsmaler restlos geschmolzen sind.

3 Dann kannst du sie vorsichtig herausnehmen (am besten lässt du dir dabei von einem Erwachsenen helfen). Gründlich abkühlen lassen, bis alles zu einem festen Block erstarrt ist. Jetzt kannst du die neuen Wachsmaler-Sterne aus der Form herausdrücken.

Material

- Wachsmalkreide-Reste
- Silikon-Muffinform mit Weihnachtsmotiven
- Messer
- Holzbrett

Fingerpuppen-Krippe

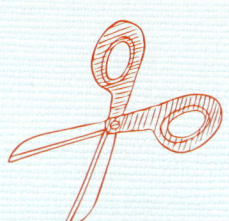

Eine Krippe darf an Weihnachten nicht fehlen.
Mit diesen Fingerpuppen kannst du ein richtiges
Fingerpuppentheater aufführen.

1 Schneide die Finger der Gummihandschuhe ab.

2 Dann zeichnest du auf rosafarbenen oder hellbraunen Fotokarton
Gesichter für Josef, Maria, das Christkind, die Hirten und die heiligen
drei Könige. Die Schafe, das Kamel und die Palme zeichnest du auf
braunen Fotokarton, den Stern auf gelben. Schneide alles aus.

3 Die Palme fixierst du auf grünem Filz und schneidest die überstehenden
Stoffreste ab. Auf die Rückseite klebst du eine Gummifingerspitze. Den
Stern befestigst du an einem Schaschlikspieß.

4 Die ausgeschnittenen Gesichter klebst du auch auf jeweils eine
Gummifingerspitze. Jetzt kannst du die Herrschaften ankleiden.
Schneide Kleider und Umhänge aus Filz- und Stoffresten zurecht und
klebe sie mit Alleskleber um den Gummifinger herum.

5 Hüte, Kronen, Haare und Schnurrbärte bastelst du dazu und verzierst
alles mit Borten, Knöpfen und Pailletten. Deiner Fantasie sind keine
Grenzen gesetzt.

6 Die Schafe und das Kamel werden ebenfalls mit Stoff und Filzresten
verschönert. Miniwackelaugen aufkleben und eine Gummispitze
dahinter. Schon kann losgespielt werden!

Material

- 1 Paar Gummihaushalts-
  handschuhe
- Fotokarton in Rosa, Gelb und
  Braun, A4
- Filzreste
- Stoffreste
- Goldfolienreste
- Samtbandreste
- Wackelaugen, ø 0,5 cm
- Knöpfe
- Pailletten
- Streusterne
- Schaschlikspieß
- UHU Alleskleber
- Schere

Vorlagen Seite 158/159

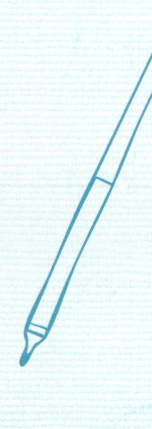

Party-Spieße

Das alte Jahr geht zu Ende – Zeit für eine schicke Silvesterparty. Da dürfen diese Party-Spieße nicht fehlen!

1 Zuerst kommt der Vollkorntoast in den Toaster. Stich mit Ausstechförmchen Motive nach Belieben daraus aus. Das Goudastück schneidest du in 1 cm dicke Scheiben und stichst daraus ebenfalls Sterne, Herzen oder andere Motive aus.

2 Lege je eine Scheibe gekochten Schinken auf eine Scheibe Gouda. Wickle das Ganze zu einer Rolle und schneide von der Rolle ca. 1 cm breite Röllchen ab.

3 Weintrauben, Cocktailtomaten und Salatblätter wäscht du gründlich mit kaltem Wasser und trocknest sie etwas ab.

4 Nacheinander steckst du nun deine Zutaten auf lange Schaschlikspieße. Und fertig ist dein Sandwich-Snack!

Zutaten

für 4 Personen

- Handvoll Weintrauben
- 250 g Gouda am Stück
- 2 Scheiben gekochter Schinken
- 2 Scheiben dünn geschnittener Gouda
- 4 Blätter Romanasalat
- 10 Cocktailtomaten
- 2 Scheiben Vollkorntoast
- Ausstechförmchen (Schmetterlinge, Herzen und Sterne)
- Schaschlikspieße

Glücksklee-Seifenblasen

Wenn alle ihre Böller und Kracher abfeuern, kannst du das neue Jahr mit schilldernden Seifenblasen begrüßen!

1 Biege 20 cm des Chenilledrahtes zu einem Kreis. Biege das Kreisende an dem 10 cm langen Stiel einmal mit einer Zange um.

2 Jetzt biegst du den Kreis mit der Zange in vier gleiche Viertel. Die so entstandenen Zacken musst du mit der Zange fest aufeinanderpressen.

3 Dann verbiegst du innerhalb der Bögen das Ganze noch einmal genauso, sodass eine Kleeblattform entsteht.

Material

- Glas mit Deckel
- Chenilledraht, ø 0,6 cm, 30 cm lang
- Fliegenpilze aus Holz
- Acrylfarbe in Rot
- Heißklebepistole
- Zange

Rezept für Seifenblasen
- 115 ml Spülmittel, klar und farblos
- 1 EL Glycerin
- 1,5 l Wasser

4 Den Glasdeckel kannst du mit roter Acrylfarbe anmalen und trocknen lassen. Oben auf den Deckel klebst du mittig einen Fliegenpilz mit der Heißklebepistole fest.

5 Nun stellst du deine Seifenblasenflüssigkeit her. Vermische die Zutaten vorsichtig. Wenn kein Schaum mehr vorhanden ist, kann die Seifenblasenmischung ins Glas gefüllt werden und ist einsatzbereit. Gelingt dir eine Glücks-Seifenblase?

Konfetti-Kanone

Ein knallbuntes Konfetti-Feuerwerk – so wird sich das neue
Jahr bei dir gleich pudelwohl fühlen!

1 Übertrage die Vorlage auf das Glitterpapier und schneide sie aus.
Dann rollst du sie an einer Seite zu einem Trichter. Die Öffnung
unten sollte in etwa so groß sein wie das Ende der Luftballonpumpe.

2 An der größeren Öffnung heftest du die überlappenden Papier-
streifen zusammen. Die restliche Naht verschließt du mit
Heißkleber.

3 Jetzt schneidest du einen Kreis aus Alufolie zurecht und deckst
die kleine Öffnung damit zu. Klebe die Folie an den Rändern mit
Klebestift fest.

4 Stecke einen Trichter in die größere Öffnung der Konfettikanone
und fülle Konfetti ein. Ein Schaschlikstäbchen oder Bleistift hilft
beim Nachstopfen. Dann kannst du die Seite ebenfalls mit einem
Alufolienkreis verschließen. Das brauchst du aber nur zu machen,
wenn du deine Konfettikanone nicht sofort benutzen willst, damit
nichts herausfällt.

5 Und so startest du den Konfetti-Spaß: Ziehe
die Luftballonpumpe auseinander und stecke
die kleine Öffnung deiner Kanone auf den
Pumpenausgang. Halte die Konfettikanone gut
fest und schiebe die Pumpe mit der anderen
Hand zusammen. So kannst du mit einer tollen
Konfettidusche das neue Jahr begrüßen. Happy
new year!

Material

- Scrapbooking-Papier Glitter,
  irisierend
- Konfetti
- Alufolie
- Luftballonpumpe
- Trichter
- Schere
- Bürohefter
- Heißklebepistole
- Klebestift

Vorlage Seite 157

Tipp

Deine Kanone lässt sich beliebig
oft nachladen, so kannst du alle
Verwandten und Freunde in einen
Konfettiregen hüllen!

Vorlagen

Hüpf-Frosch Fridolin
Seite 26

Verrückte Vögel
Seite 30

Kleiner Kükengruß
Seite 37

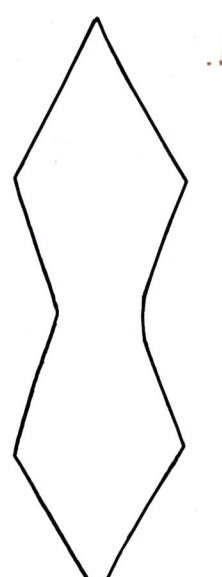

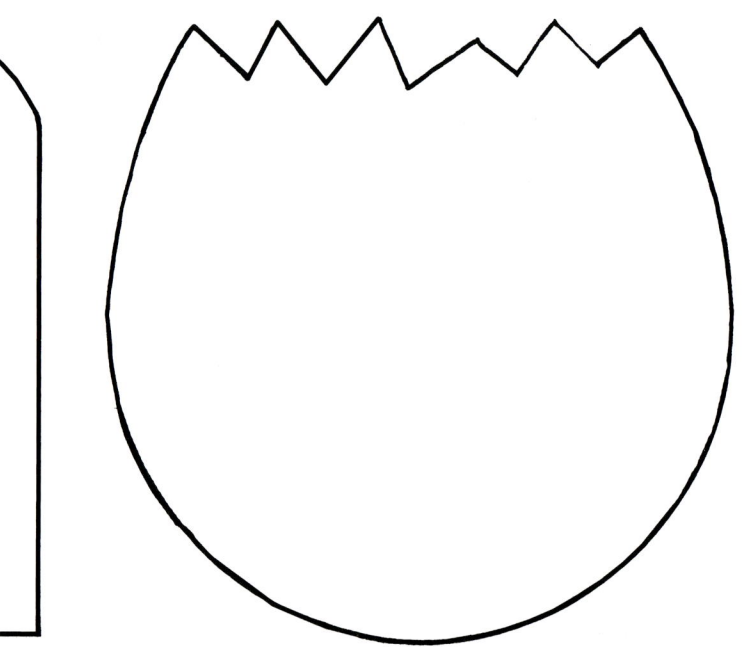

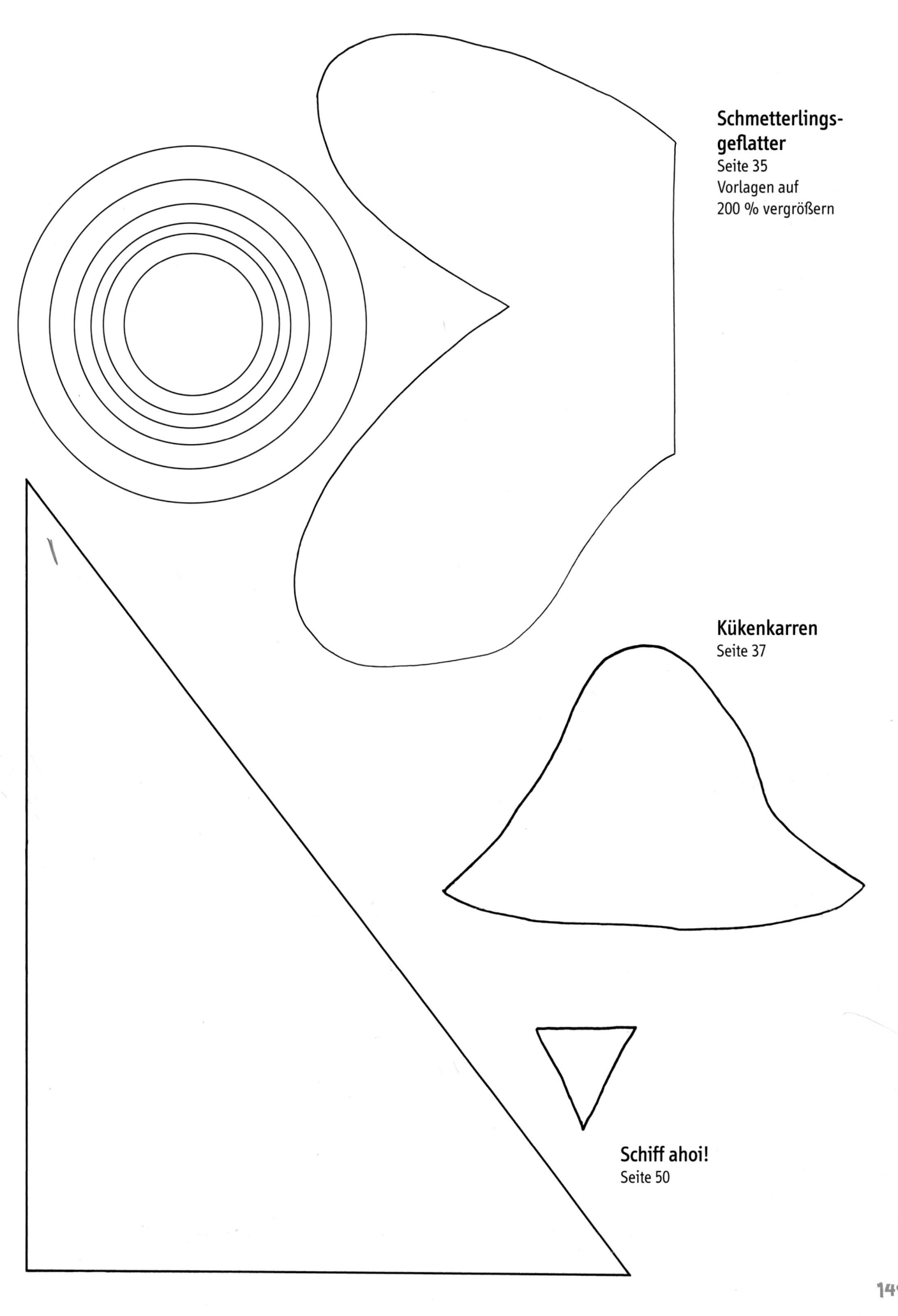

**Schmetterlings-
geflatter**
Seite 35
Vorlagen auf
200 % vergrößern

Kükenkarren
Seite 37

Schiff ahoi!
Seite 50

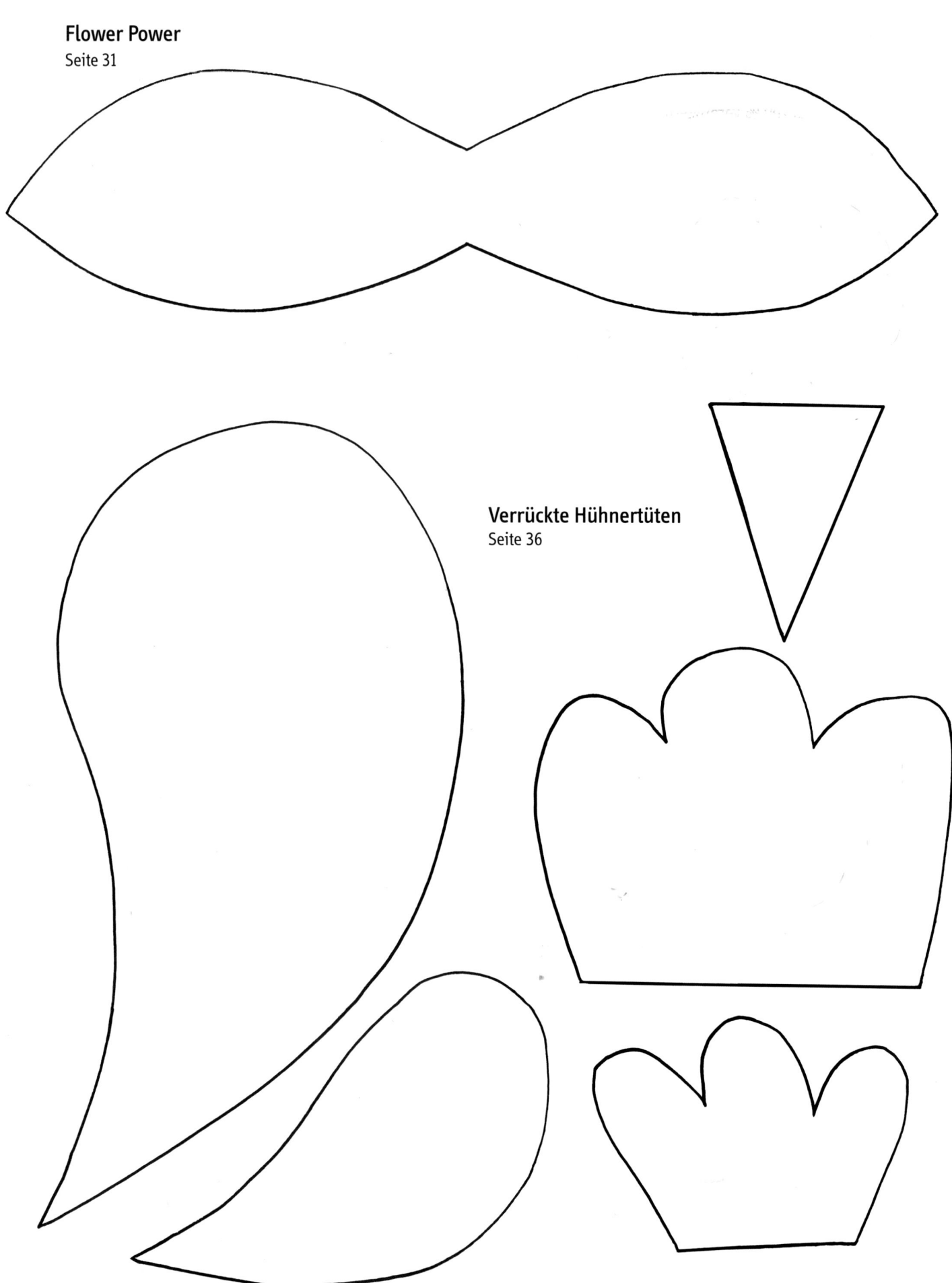

Flower Power
Seite 31

Verrückte Hühnertüten
Seite 36

Blumiges Schokofondue
Seite 78
Vorlagen auf 200 % vergrößern

Wärme-Eule
Seite 86
Vorlagen auf 200 % vergrößern

Schneemann-Leuchte
Seite 130/131

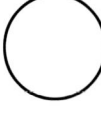

151

Hellwache Nachteulen
Seite 102

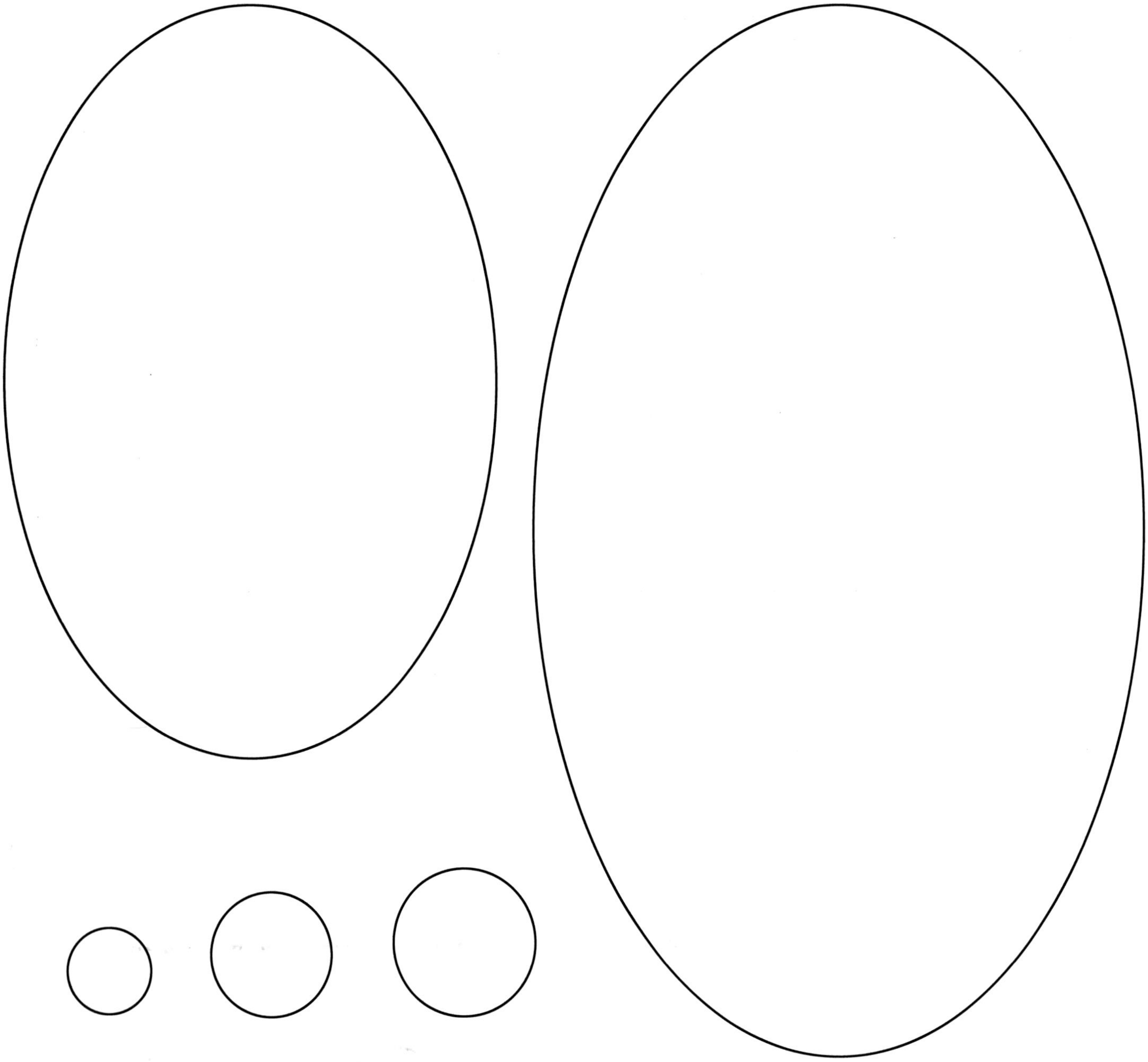

Ulkige Socktopusse
Seite 111

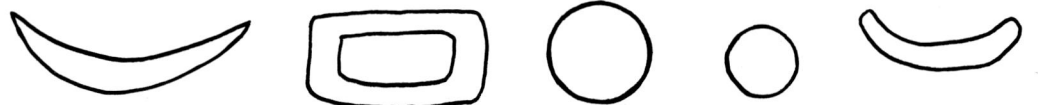

Praktisches Puppenhaus
Seite 104
Vorlagen auf 250 % vergrößern

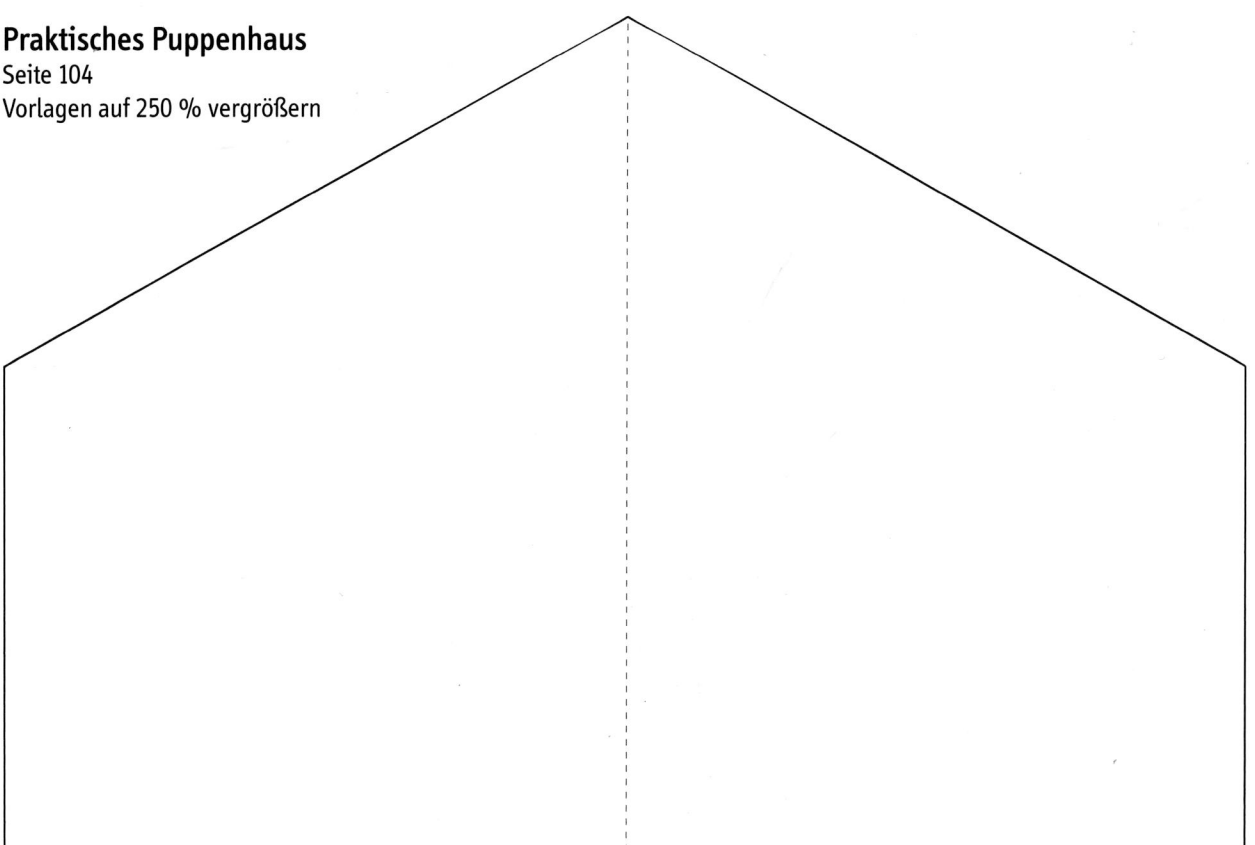

Geschenkpapier-Stifte
Seite 108

Räubertheater
Seite 110

Gespenster-Fräulein
Seite 112
Vorlage auf 200 % vergrößern

Oberengel
Seite 124/125
Vorlage auf 200 % vergrößern

Nickolausschachtel
Seite 118/119
Vorlage auf 200 % vergrößern

Weihnachts-Shirts
Seite 129
Vorlage auf 200 % vergrößern

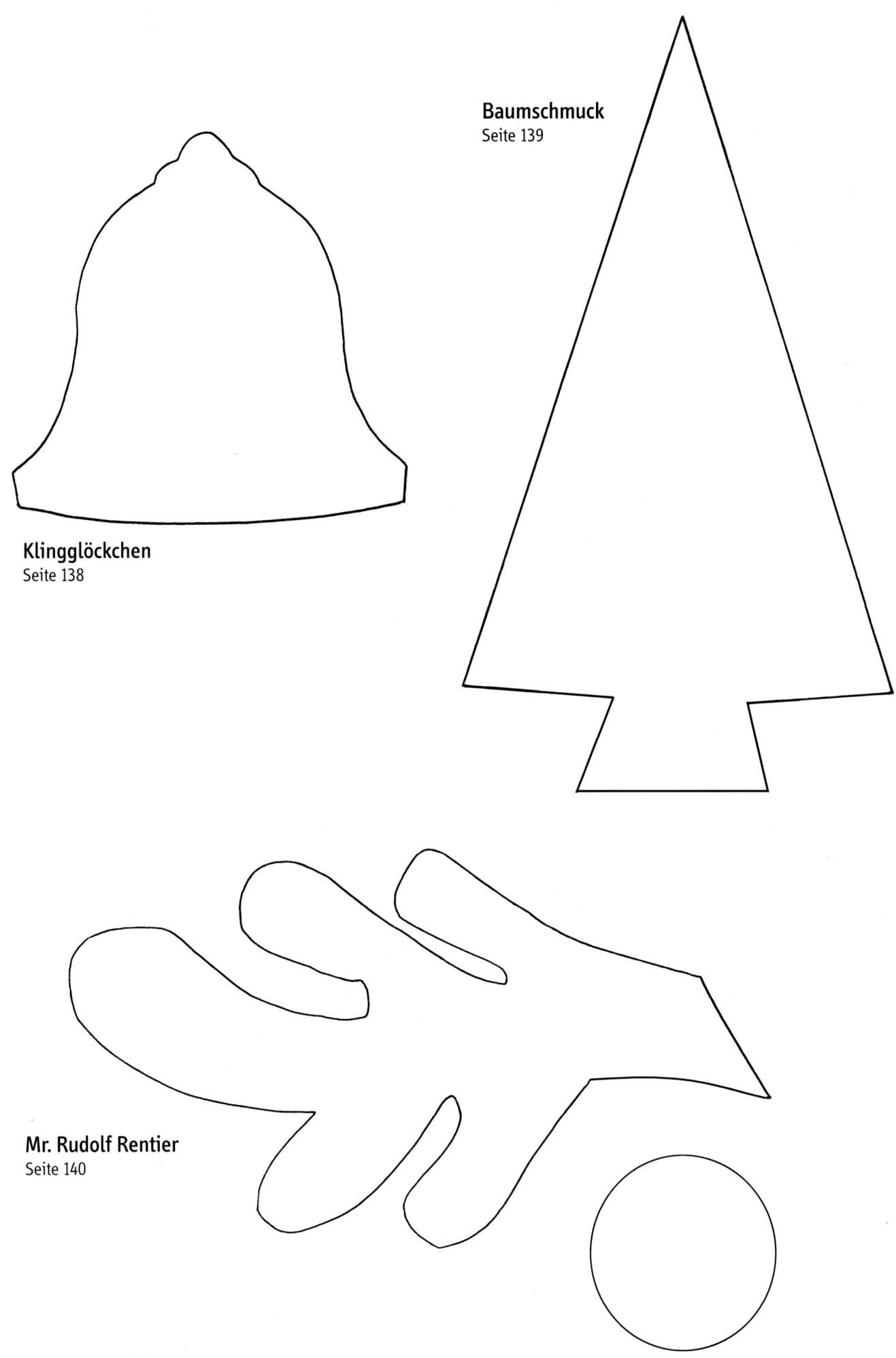

Baumschmuck
Seite 139

Klingglöckchen
Seite 138

Mr. Rudolf Rentier
Seite 140

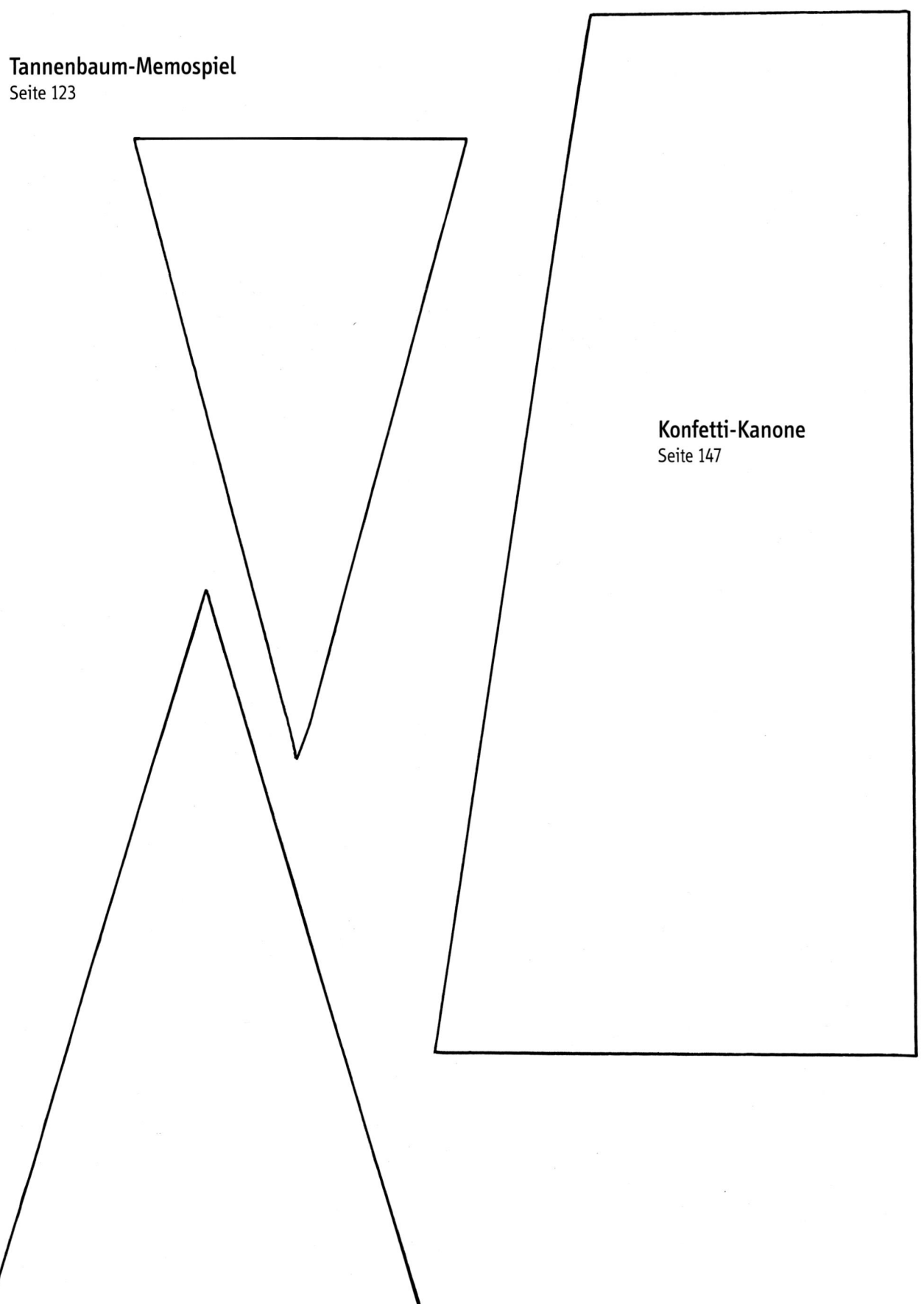

Tannenbaum-Memospiel
Seite 123

Konfetti-Kanone
Seite 147

Vampir-Shooter
Seite 113
Vorlage auf 200 % vergrößern

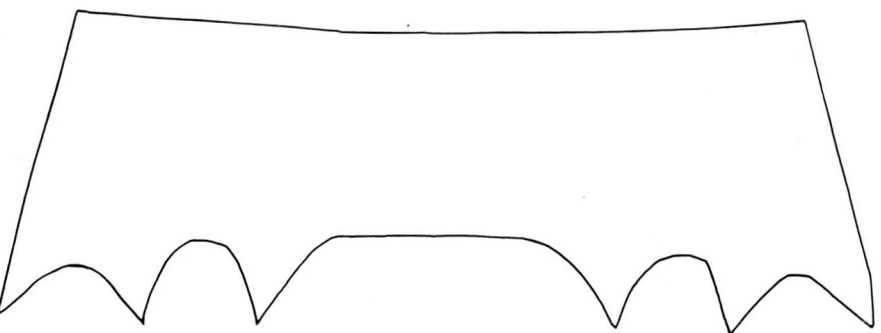

Die Autorin

Schon als kleines Mädchen hat Pia Deges gern Sachen selbst gemacht und daran hat sich bis heute nichts geändert. Wenn sie nicht gerade auf Flohmärkten rumkramt, den Garten umgräbt oder durch die Welt reist, dann schreibt sie mit Begeisterung Bücher wie dieses hier.

WIR SIND FÜR SIE DA!

Bei Fragen zu unserem umfangreichen Programm oder Anregungen freuen wir uns über Ihren Anruf oder Ihre Post. Loben Sie uns, aber scheuen Sie sich auch nicht, Ihre Kritik mitzuteilen – sie hilft uns, ständig besser zu werden.

Das Produktmanagement erreichen Sie unter:
pm@frechverlag.de

oder: frechverlag
Produktmanagement
Turbinenstraße 7
70499 Stuttgart
Telefon 07 11 / 8 30 86 68

LERNEN SIE UNS BESSER KENNEN!

Fragen Sie Ihren Hobbyfach- oder Buchhändler nach unserem kostenlosen Magazin Meine kreative Welt. Darin entdecken Sie dreimal im Jahr die neuesten Kreativtrends und interessantesten Buchneuheiten.

Oder besuchen Sie uns im Internet! Unter www.topp-kreativ.de können Sie sich über unser umfangreiches Buchprogramm informieren, unsere Autoren kennenlernen sowie aktuelle Highlights und neue Kreativtechniken entdecken, kurz – die ganze Welt der Kreativität.

Kreativ immer up to date sind Sie mit unserem monatlichen Newsletter mit den aktuellsten News aus dem frechverlag, Gratis-Anleitungen und attraktiven Gewinnspielen.

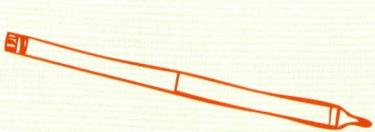

Alle Modelle und Rezepte: Pia Deges

FOTOS: frechverlag GmbH, 70499 Stuttgart; lichtpunkt, Michael Ruder, Stuttgart
KONZEPT, PRODUKTMANAGEMENT UND LEKTORAT: Angela Vornefeld
LAYOUT UND SATZ: FSM Premedia GmbH & Co. KG, Münster
DRUCK: Tien Wah Press, Malaysia

1. Auflage 2016
© 2016 frechverlag GmbH, 70499 Stuttgart
ISBN 978-3-7724-7604-4 • Best.-Nr. 7604